¡LEVANTAOS! ¡VAMOS!

JUAN PABLO II

¡LEVANTAOS! ¡VAMOS!

Traducción de
Pedro Antonio Urbina Tortella

PLAZA  JANÉS

Título original: *Alzatevi, andiamo!*

Primera edición: mayo, 2004

© Librería Editrice Vaticana
© 2004, Arnoldo Mondadori Editore S.p.A., Milán
© 2004, Random House Mondadori, S. A.
   Travessera de Gràcia, 47-49. 08021 Barcelona
© 2004, Pedro Antonio Urbina Tortella, por la traducción
   Traducción cedida por Arnoldo Mondadori Editore, S.p.A.

Printed in Spain – Impreso en España

ISBN: 84-01-30530-6
Depósito legal: B. 21.929 - 2004

Fotocomposición: Lozano Faisano, S. L. (L'Hospitalet)

Impreso en A & M Gràfic, S. L.
Santa Perpètua de Mogoda (Barcelona)

L 305306

ÍNDICE

QUINTA PARTE

COLEGIALIDAD EPISCOPAL

SEXTA PARTE

EL SEÑOR ES MI FUERZA

INTRODUCCIÓN

Cuando se publicó el libro *Don y misterio*[1] con recuerdos y reflexiones sobre los orígenes de mi sacerdocio, me llegaron numerosas muestras —sobre todo por parte de jóvenes lectores— de la calurosa acogida que había tenido. Según lo que me han contado, este complemento personal de la exhortación apostólica *pastores dabo vobis* fue para muchos una ayuda preciosa para el propio discernimiento vocacional. Fue para mí una alegría muy grande. Espero que Cristo continúe sirviéndose de estas memorias para alentar a otros jóvenes a escuchar su llamada: «Venid conmigo y os haré pescadores de hombres» (Mc 1, 17).

Con ocasión del 45.º aniversario de mi consagración episcopal y del 25.º de mi pontificado, se me rogó que escribiera también la continuación de aquellas memorias, desde 1958, año en que fui nombrado obispo. He pensado que debía aceptar esta petición, así como había aceptado la sugerencia que dio lugar al libro anterior. Había además otro motivo para decidirme a recoger y ordenar recuerdos y reflexiones sobre esta parte de mi vida: la maduración

progresiva de un documento dedicado al ministerio episcopal, la exhortación apostólica *pastores gregis*, en la que ex-
puse en síntesis las ideas surgidas en la X Asamblea General Ordinaria del Sínodo de Obispos, durante el Gran
Jubileo del año 2000. Al escuchar las intervenciones en el
aula y mientras leía después el texto de las propuestas que
me presentaron, se despertaban en mí muchos recuerdos,
tanto de aquellos años en que estuve encargado de servir
a la Iglesia en Cracovia como de los transcurridos en Roma,
llenos de nuevas experiencias como sucesor de Pedro.

He puesto por escrito estos pensamientos con el deseo
de hacer partícipes a otros del testimonio del amor de
Cristo, que a través de los siglos llama siempre a nuevos
sucesores de los Apóstoles para derramar su gracia en el
corazón de otros hermanos, aunque sea mediante frágiles
vasijas de barro. Me han acompañado siempre las palabras
que Pablo escribió al joven obispo Timoteo: «Él nos salvó
y nos llamó a una vida santa, no por nuestros méritos,
sino porque antes de la creación, desde tiempo inmemo-
rial, Dios dispuso darnos su gracia, por medio de Jesucristo» (2 Tm 1, 9).

Ofrezco este escrito como muestra de amor a mis hermanos en el episcopado y a todo el Pueblo de Dios. Espero que sirva a cuantos desean conocer la grandeza del ministerio episcopal, las dificultades que conlleva, pero
también la alegría que comporta desempeñarlo cotidianamente. Invito a todos a entonar conmigo un *Te Deum* de

alabanza y de acción de gracias. Con la mirada fija en Cristo, sostenidos por la esperanza que no defrauda, caminemos juntos por los caminos del nuevo milenio: «¡Levantaos! ¡Vamos!» (Mc 14, 42).

PRIMERA PARTE

LA VOCACIÓN

No sois vosotros los que me habéis elegido,
soy yo quien os he elegido.

(Jn 15, 16)

LA FUENTE DE LA VOCACIÓN

Busco de dónde mana mi vocación. Fluye allí, en el Cenáculo de Jerusalén. Doy gracias a Dios porque durante el Gran Jubileo del año 2000 obtuve la gracia de rezar precisamente en aquella «sala en el piso de arriba» (Mc 14, 15) en la que tuvo lugar la Última Cena. También ahora me traslado espiritualmente hasta aquel Jueves memorable, cuando Cristo, «habiendo amado a los suyos hasta el extremo» (Jn 13, 1), hizo sacerdotes de la Nueva Alianza a los Apóstoles. Le contemplo mientras se inclina ante cada uno de nosotros, sucesores de los Apóstoles, para lavarnos los pies. Y escucho, como si me las dijera a mí, a nosotros, aquellas palabras: «¿Comprendéis lo que he hecho con vosotros? Vosotros me llamáis "el Maestro" y "el Señor", y decís bien, porque lo soy. Pues si yo el Señor y el Maestro, os he lavado los pies, también vosotros debéis lavaros vosotros los pies unos a otros. Os he dado ejemplo para que lo que yo he hecho con vosotros, vosotros también lo hagáis» (Jn 13, 12-15).

Junto con Pedro, Andrés, Santiago, Juan… escuchamos: «Como el Padre me ha amado, así os he amado yo; permaneced en mi amor. Si guardáis mis mandamientos, permaneceréis en mi amor, lo mismo que yo he guardado los mandamientos de mi Padre y permanezco en su amor. Os he hablado de esto para que mi alegría esté en vosotros y, vuestra alegría llegue a plenitud. Este es mi mandamiento: que os améis unos a otros como yo os he amado. Nadie tiene amor más grande que el que da la vida por sus amigos. Vosotros sois mis amigos, si hacéis lo que os mando» (Jn 15, 9-14).

¿Acaso no expresan estas palabras el *mysterium caritatis* de nuestra vocación? En las palabras pronunciadas por Cristo en «la hora para la que había venido» (Jn 12, 27) está la raíz de toda vocación en la Iglesia. De esas palabras fluye la linfa que alimenta la vocación, la de los Apóstoles, la de sus sucesores y la de cada hombre, porque el Hijo quiere ser «amigo» de todos nosotros: por todos ha dado la vida. Estas palabras compendian lo más importante, lo más precioso, lo más sagrado: el amor del Padre y el amor de Cristo por nosotros, su alegría y nuestra alegría, así como también nuestra amistad y nuestra fidelidad, de las que da testimonio el cumplimiento de los mandamientos. Expresan también la meta y el sentido de nuestra vocación, que es «ir y dar fruto, y que nuestro fruto permanezca» (Jn 15, 16).

En definitiva, el amor es el vínculo que une todo: une de modo sustancial a las personas divinas, une también, aunque sea en un plano muy diverso, a las personas humanas y sus diferentes vocaciones. Hemos consagrado nuestra vida a Cristo, que nos ha amado primero y que, como buen pastor, ha sacrificado su propia vida por nosotros. Los Apóstoles de Cristo oyeron aquellas palabras y se las aplicaron a sí mismos, reconociendo en ellas una llamada personal. Análogamente, también nosotros, sus sucesores, pastores de la Iglesia de Cristo, hemos de ser los primeros en comprometernos a responder a este amor siendo fieles, cumpliendo los mandamientos y ofreciendo cotidianamente nuestra vida por los amigos de nuestro Señor.

«El buen pastor da su vida por las ovejas» (Jn 10, 11). En la homilía que pronuncié en la plaza de San Pedro el 16 de octubre de 2003, con ocasión del 25.º aniversario de mi pontificado, dije a este respecto: «Mientras Jesús pronunciaba estas palabras, los Apóstoles no sabían que hablaba de sí mismo. No lo sabía ni siquiera Juan, el apóstol predilecto. Lo comprendió en el Calvario, al pie de la Cruz, viéndolo ofrecer silenciosamente la vida "por sus ovejas". Cuando llegó para él y para los demás Apóstoles el momento de cumplir esta misma misión, se acordaron de sus palabras. Se dieron cuenta de que, solo porque había asegurado que él mismo actuaría por medio de ellos, serían capaces de cumplir la misión».[1]

«No sois vosotros los que me habéis elegido, soy yo quien os he elegido y os he destinado para que vayáis y deis fruto, y vuestro fruto dure» (Jn 15, 16). ¡No vosotros, sino yo!, dice Cristo. He aquí el fundamento de la eficacia de la misión pastoral del obispo.

LA LLAMADA

Era el año 1958. Con un grupo de apasionados por la canoa me encontraba en el tren que se dirigía a Olsztyn. Estábamos a punto de comenzar las vacaciones, según el programa que habíamos seguido desde 1953: una parte de las vacaciones las pasábamos en la montaña, la mayoría de las veces en los Bieszczady, y otra en los lagos de Masuria. Nuestra meta era el río Łyna. Precisamente por eso tomamos el tren de Olsztyn. Era el mes de julio. Dirigiéndome al que hacía de jefe de grupo —por lo que recuerdo entonces era Zdzisław Heydel— le dije: «Zdzisław, dentro de poco tendré que dejar la canoa, porque me ha llamado el primado (después de la muerte del cardenal August Hlond, en 1948, el primado era el cardenal Stefan Wyszyński) y debo presentarme a él».

El jefe me respondió: «De acuerdo, yo me ocupo».

Y así, cuando llegó el día fijado, dejamos al grupo para ir a la estación de tren más cercana, Olsztynek.

Como sabía que debía presentarme al cardenal primado mientras tenía lugar la travesía del río Łyna, había tomado la precaución de dejar a unos conocidos de Varsovia el traje talar de fiesta. En efecto, hubiera sido difícil presentarme al primado con la sotana que llevaba conmigo durante las excursiones en canoa (en ellas llevaba siempre conmigo una sotana y los ornamentos para celebrar la Santa Misa).

Así pues me dirigí a Olsztynek; primero sobre las olas del río con la canoa y luego en un camión cargado de sacos de harina. El tren de Varsovia salía muy de noche. Por eso llevaba el saco de dormir, pensando en dormir algo en la estación mientras esperaba el tren. Había pedido a uno que me despertara, pero no fue necesario porque no dormí en absoluto.

Me presenté en Varsovia, en la calle Miodowa, a la hora establecida. En el palacio episcopal comprobé que habían convocado también a otros tres sacerdotes: don Wilhelm Pluta de Silesia, el párroco de Bochnia, diócesis de Tarnów, don Michał Blecharczyk y don Józef Drzazga de Lublin. En aquel momento no me percaté de la coincidencia. Solo más tarde comprendí que estábamos reunidos allí por el mismo motivo.

Una vez en el despacho del primado, me dijo que el Santo Padre me había nombrado obispo auxiliar del arzobispado de Cracovia. En febrero de aquel mismo año (1958) había muerto el obispo Stanisław Rospond, durante muchos años auxiliar en Cracovia, cuando el ordinario de la archidiócesis era el metropolitano, cardenal príncipe Adam Sapieha.

Al oír las palabras del primado anunciándome la decisión de la Sede Apostólica, dije: «Eminencia, soy demasiado joven, acabo de cumplir los treinta y ocho años…».

Pero el primado replicó: «Esta es una imperfección de la que pronto se librará. Le ruego que no se oponga a la voluntad del Santo Padre».

Entonces añadí solo una palabra: «Acepto». «Pues vamos a comer», concluyó el primado.

Nos había invitado a comer a los cuatro. Supe así que don Wilhelm Pluta había sido nombrado obispo de Gorzów Wielkopolski, que entonces era la administración apostólica más grande de Polonia; comprendía Szczecin y Kołobrzeg, una de las diócesis más antiguas. Kołobrzeg había sido erigida en el año 1000, contemporáneamente a la sede metropolitana de Gniezno, de la que formaban parte, además de Kołobrzeg, Cracovia y Wrocław. Don Józef Drzazga había sido nombrado obispo auxiliar de Lublin (más tarde pasó a Olsztyn) y don Michał Blecharczyk de Tarnów, también como auxiliar.

Después de aquella audiencia tan importante para mi vida, me di cuenta de que no podía volver inmediatamente con mis amigos y mi canoa; tenía que ir antes a Cracovia para informar al arzobispo Eugeniusz Baziak, mi ordinario. Mientras hacía tiempo para tomar el tren de la noche que me llevaría a Cracovia, recé durante muchas horas en la capilla de las Hermanas Ursulinas de la calle Wiślana, en Varsovia.

El arzobispo Eugeniusz Baziak, metropolitano de rito latino de Lvov, había compartido el destino de todos los que llamaban evacuados: había tenido que dejar Lvov y se había afincado en Lubaczów, esa franja de la archidiócesis de Lvov que, después de los acuerdos de Yalta, quedó dentro de los límites de la República Popular de Polonia. El príncipe Sapieha, arzobispo de Cracovia, un año antes de su muerte, había pedido que el arzobispo Baziak, obligado a abandonar por la fuerza su propia archidiócesis, fuera nombrado su coadjutor. Así pues, mi episcopado empalma cronológicamente con la persona de este prelado que tanto había sufrido.

Al día siguiente me presenté al arzobispo Eugeniusz Baziak, en la calle Franciszkańska, 3, y le entregué la carta del cardenal primado. Recuerdo como si fuera hoy que el arzobispo me tomó del brazo y me llevó a la sala de espera, donde estaban sentados algunos sacerdotes, y dijo: «*Habemus papam*». A la luz de los acontecimientos posteriores, podría decirse que aquellas palabras fueron proféticas.

Dije al arzobispo que deseaba volver a Masuria con el grupo de amigos que estaban en el río Łyna. Él me respondió: «¡Quizá esto ya no convenga!».

Un poco entristecido por la respuesta, me fui a la iglesia de los franciscanos e hice el *Vía Crucis*, contemplando las estaciones, obra del pintor Józef Mehoffer. Me gustaba ir a esta iglesia para hacer el *Vía Crucis*, porque me atraían aquellas estaciones originales, modernas. Luego fui de nuevo a visitar al arzobispo Baziak y repetí mi petición. Le dije: «Comprendo su preocupación, excelencia. Le pido sin embargo que me conceda poder volver a Masuria».

Esta vez respondió: «Sí, sí, vaya; pero le ruego —añadió con una sonrisa— que esté de vuelta para la consagración episcopal».

Así pues, aquella misma noche tomé otra vez el tren para Olsztyn. Llevaba conmigo el libro de Hemingway *El viejo y el mar*. Leí durante casi toda la noche y solo conseguí adormecerme un rato. Me sentía más bien raro…

Cuando llegué a Olsztyn me encontré con los amigos del grupo que habían llegado navegando con las canoas a lo largo del río Łyna. El jefe del grupo vino a buscarme a la estación y me dijo: «Entonces, tío,* ¿le han hecho obispo?».

Le respondí que sí. Y él añadió: «Realmente… eso era lo que yo imaginaba, y se lo deseaba de todo corazón».

En efecto, no mucho tiempo antes, con ocasión de la celebración del 10.º aniversario de mi sacerdocio, este había sido su augurio. El día en que fui nombrado obispo llevaba poco menos de doce años de sacerdocio.

Había dormido poco y por eso, cuando llegué, estaba cansado. Sin embargo, antes de irme a descansar, me dirigí a la iglesia para celebrar la Santa Misa. La iglesia estaba regida por el capellán universitario, que entonces era el fu-

---

* El término «tío» se usaba entonces para indicar «Padre», con el fin de no delatar la condición clerical de la persona. (*N. del T.*)

turo obispo don Ignacy Tokarczuk. Por fin pude ir a dormir. Cuando poco más tarde me desperté, me di cuenta de que la noticia ya se había difundido, porque don Tokarczuk dijo sin rodeos: «¡Bueno, nuevo obispo, felicidades!».

Sonreí y me alejé, dirigiéndome al grupo de los amigos, donde tomé mi canoa; pero cuando me puse a remar, me sentí de nuevo un poco extraño. Me había impresionado la coincidencia de fechas: el nombramiento me fue notificado el 4 de julio, día de la consagración de la catedral del Wawel. Es un aniversario que ha tenido siempre una gran resonancia en mi alma. Me parecía que aquella coincidencia quería decir algo. Al mismo tiempo pensaba que quizá era la última vez que podría ir en canoa. En realidad, debo aclarar enseguida que todavía pude navegar muchas otras veces, recuperando fuerzas en las aguas de los ríos y de los lagos de Masuria. Prácticamente eso duró hasta 1978.

SUCESOR DE LOS APÓSTOLES

Después de la pausa veraniega volví a Cracovia y comenzaron los preparativos para la consagración, fijada para el 28 de septiembre, fiesta de san Wenceslao, patrono de la catedral del Wawel. La dedicación a san Wenceslao del histórico templo manifiesta los antiguos vínculos de la tierra polaca con Bohemia. San Wenceslao era un duque bohemio, que murió mártir a manos de su hermano. También Bohemia lo venera como patrono.

Una etapa fundamental de mi preparación para la consagración episcopal fueron los ejercicios espirituales. Los hice en Tyniec. Iba con frecuencia a la histórica abadía. Esta vez fue una estancia particularmente importante para mí. Tenía que ser obispo, estaba ya nombrado. Pero aún quedaba bastante tiempo para la ordenación, más de dos meses. Tenía que aprovecharlos lo mejor posible.

Los ejercicios espirituales duraron seis días. ¡Seis días de meditaciones, Dios mío! ¡Cuántos temas y qué temas!: «Sucesor de los Apóstoles». Precisamente durante aquellos días había oído estas palabras de boca de un físico conocido mío. Evidentemente, los que creen dan una importancia particular a esta sucesión apostólica. Yo —un «sucesor»— pensaba con gran humildad en los Apóstoles de Cristo y en aquella larga e ininterrumpida cadena de obispos que, mediante la imposición de las manos, habían transmitido a sus sucesores la participación en la misión apostólica. Ahora tenían que transmitírmela también a mí. Me sentía estrechamente vinculado a cada uno de ellos. Conocemos el nombre de algunos de los que, en esta cadena de la sucesión, nos han precedido. Son obispos de hoy. En muchos casos se les conoce porque su propia labor pastoral es memorable. Pero también de obispos antiguos, hoy ya desconocidos para nosotros, se puede decir que su vocación episcopal y su obra perduran: «y que vuestro fruto permanezca» (Jn 15, 16). Esto sucede también gracias a nosotros, sus sucesores que, por medio de sus manos y en virtud de la eficacia del sacramento, llegamos a unirnos con Cristo, que nos ha elegido, a ellos y a nosotros, «antes de la creación del mundo» (Ef 1, 4). ¡Admirable don y misterio!

Ecce sacerdos magnus, qui in diebus suis placuit Deo... Ideo iureiurando fecit illum Dominus crescere in plebem suam, se canta en la liturgia. Este sumo y único sacerdote de la nueva y eterna Alianza es Jesucristo mismo. Él ofreció el sacrificio de su sacerdocio muriendo en la Cruz y dando su vida por su rebaño, por toda la humanidad. Fue Él quien, el día antes de su sacrificio cruento en la Cruz, instituyó durante la Última Cena el sacramento del sacerdocio. Él fue quien tomó en sus manos el pan y pronunció sobre él las palabras: «Esto es mi Cuerpo, que será entregado por vosotros». Él fue quien tomó luego en sus manos el cáliz con el vino y pronunció sobre él las palabras: «Este es el cáliz de mi Sangre, sangre de la nueva y eterna Alianza, que será derramada por vosotros y por todos los hombres para el perdón de los pecados». Y al final añadió: «Haced esto en conmemoración mía». Dijo esto ante los Apóstoles, ante aquellos doce, de los que Pedro era el primero. Les dijo: «Haced esto en conmemoración mía». Así fue como instituyó sacerdotes a semejanza suya, único y sumo Sacerdote de la Nueva Alianza.

Quizá los Apóstoles que tomaron parte en la Última

Cena no entendieron inmediata y completamente el significado de aquellas palabras que se cumplirían al día siguiente,
cuando el cuerpo de Cristo fue entregado efectivamente a la
muerte y su sangre derramada en el suplicio de la Cruz. En
aquel momento comprendieron tal vez que debían repetir el
rito de la Cena con el pan y el vino. Pero los Hechos de los
Apóstoles dicen que, después de los acontecimientos pas-
cuales, los primeros cristianos eran asiduos «en la fracción
del pan y en la oración» (Hch 2, 42). Llegados a este momento, el significado del rito estaba bien claro para todos.

Según la liturgia de la Iglesia, el Jueves Santo es el día
en que se conmemora la Última Cena, la institución de la
Eucaristía. Desde ese Cenáculo en Jerusalén, la celebración
de la Eucaristía se difundió progresivamente por todo el
mundo de entonces. Primero eran los Apóstoles quienes la
presidían en Jerusalén. Más tarde, a medida que se propa-
gaba el Evangelio, ellos mismos y aquellos a quienes habían
«impuesto las manos», la celebraban en nuevos lugares,
comenzando por Asia Menor. Finalmente, con san Pedro y
san Pablo, la Eucaristía llegó a Roma, la capital del mundo de aquellos tiempos. Siglos después llegó al Vístula.

Recuerdo que, durante los ejercicios espirituales antes
de la ordenación episcopal, daba gracias a Dios de modo
particular porque el Evangelio y la Eucaristía habían llegado al Vístula, porque habían llegado a Tyniec. La abadía de
Tyniec, cerca de Cracovia, cuyos orígenes se remontan al
siglo XI, era realmente el lugar apropiado para prepararme

a recibir la ordenación en la catedral del Wawel. Durante mi visita a Cracovia en el año 2002, antes de emprender el vuelo a Roma, conseguí hacer una pausa en Tyniec, aunque muy breve. Fue como saldar una deuda personal de gratitud. Debo tanto a Tyniec... Probablemente no solo yo, sino toda Polonia.

El 28 de septiembre se estaba acercando lentamente. Antes de ser ordenado intervine oficialmente en Lubaczów como obispo preconizado, con ocasión de las bodas de plata del episcopado del arzobispo Baziak. Era el día de la Virgen Dolorosa, fiesta que en Lvov se celebraba el 22 de septiembre. Estaba allí con dos obispos de Przemyśl, monseñor Franciszek Barda y monseñor Wojciech Tomaka, ambos muy mayores, y entre ellos yo, un joven de treinta y ocho años. Sentía cierto apuro. Allí comenzaron mis primeras «pruebas» de episcopado. Una semana después fue la consagración en el Wawel.

EL WAWEL

Desde niño, la catedral del Wawel ha sido un lugar especial para mí. No me acuerdo de cuándo fui por primera vez, pero desde que comencé a frecuentarla me sentí especialmente atraído y apegado a ella. En cierto modo, la catedral del Wawel encierra toda la historia de Polonia. He vivido un período trágico, cuando los nazis pusieron la sede de su gobernador Frank en el castillo del Wawel e izaron en él la bandera con la cruz gamada. Para mí fue una experiencia muy penosa. Pero llegó el día en que desapareció aquella bandera y volvieron a ondear los emblemas polacos.

La catedral actual se remonta a los tiempos de Casimiro el Grande. Tengo muy presentes las diversas partes del templo con sus monumentos. Basta recorrer la nave central y las laterales para ver los sarcófagos de los reyes polacos. Si se baja a la cripta de los poetas, se encuentran las tumbas de Mickiewicz, de Słowacki y, recientemente, de Norwid.

Como he recordado en el libro *Don y misterio*, deseaba con toda el alma celebrar la primera misa en el Wawel, en la cripta de San Leonardo, en los subterráneos de la catedral. Y así fue. Seguramente, aquel deseo nacía del profundo amor que sentía por todo lo que llevara alguna huella de mi patria. Y cada piedra de aquel lugar habla de Polonia, de la grandeza polaca. Me resulta muy entrañable todo el amplio complejo del Wawel: la catedral, el castillo y el patio. Cuando estuve en Cracovia últimamente, fui también al Wawel y recé ante la tumba de san Estanislao. No podía dejar de visitar aquella catedral que me había acogido durante veinte años.

Para mí, lo más significativo de la catedral del Wawel es la cripta de San Leonardo. Esta parte de la antigua catedral se remonta a los tiempos del rey Boleslao III. La cripta misma es testigo de tiempos aún más antiguos. En efecto, recuerda a los primeros obispos de comienzos del siglo XI, cuando empieza la genealogía del episcopado de Cracovia. Los primeros obispos llevan los misteriosos nombres de Prokop y Prokulf, como si fueran de origen griego. Gradualmente aparecen nombres nuevos, y progresivamente, cada vez con más frecuencia, nombres eslavos, como Estanislao de Szczepanów, que llegó a ser obispo de Cracovia en 1072. En 1079 fue asesinado por hombres enviados por el rey Boleslao II, el Atrevido. Más tarde ese rey tuvo que huir del país y probablemente terminó sus días como penitente en Osjak. Cuando era metropolitano de Cracovia, volviendo de Roma a Cracovia, celebré la Santa Misa en Osjak. En aquel momento nació la narración poética de aquel episodio de tantos siglos antes: escribí el poema titulado «Estanislao».[2]

San Estanislao, padre de la patria. El domingo después del 8 de mayo se hace una gran procesión desde el Wawel a Skałka. A lo largo de todo el recorrido los participantes cantan himnos intercalados por una invocación: «San Estanislao, patrono nuestro, ruega por nosotros». La procesión baja del Wawel, atraviesa las calles Stradom y Krakowska, sigue hacia Skałka, donde se celebra la Santa Misa, que normalmente preside un obispo invitado. Al finalizar la Santa Misa, la procesión vuelve hasta la catedral siguiendo el mismo itinerario y las reliquias de la cabeza de san Estanislao, llevadas en la procesión en su magnífico relicario, se colocan sobre el altar. Los polacos estuvieron convencidos

desde el principio de la santidad de aquel obispo y con gran
celo se ocuparon de su canonización, que tuvo lugar en
Asís en el siglo xiii. En esta ciudad de la Umbría se han
conservado hasta hoy los frescos que representan a san
Estanislao.

Junto a la confesión de san Estanislao, un tesoro inestimable conservado en la catedral del Wawel, se encuentra
la tumba de la santa reina Edvige. Sus reliquias fueron
puestas bajo el famoso Crucifijo del Wawel en el año 1987,
con ocasión de la tercera peregrinación que hice a mi patria.
A los pies de aquel Crucifijo, Edvige, con doce años, tomó
la decisión de unirse en matrimonio con el príncipe litua-
no Ladislao Jagellón. Una decisión —corría el año 1386—
que incorporó a Lituania a la familia de las naciones cristianas.

Recuerdo con emoción el día 8 de junio de 1997, cuando en Błonia de Cracovia, durante la canonización, comencé la homilía con estas palabras: «Edvige, has esperado
mucho este día solemne [...], casi seiscientos años». Este
retraso se debe a varias circunstancias, de las que es difícil
hablar ahora. Desde hacía mucho tiempo deseaba que la
Señora del Wawel gozara del título de santa en sentido canónico, oficial. Ese deseo se cumplió aquel día. Di gracias
a Dios porque, después de tantos siglos me fue concedida
la gracia de colmar la aspiración que palpitaba en el corazón de muchas generaciones polacas.

Todos estos recuerdos se unen de alguna manera al día

de mi consagración. En cierto sentido, fue un acontecimiento histórico. La precedente ordenación episcopal había tenido lugar en el lejano 1926. Entonces fue consagrado el obispo Stanisław Rospond. Ahora estaba a punto de serlo yo.

El día de la ordenación:
en el centro de la Iglesia

Llegó el 28 de septiembre, memoria de san Wenceslao. Era el día fijado para mi ordenación episcopal. Tengo siempre muy presente aquella gran ceremonia, como si lo estuviera viendo (la liturgia entonces era aún más rica que la de hoy) y recuerdo a cada una de las personas que tomaron parte. Se acostumbraba a llevar dones simbólicos al que se ordenaba obispo. Algunos de mis compañeros trajeron como ofrenda un barrilito de vino y una hogaza: eran Zbyszek Siłkowski, un compañero del liceo, y Jurek Ciesielski, hoy siervo de Dios; Marian Wójtowicz y Zdzisław Heydel. Me parece que estaba también Stanisław Rybicki. El más activo era sin duda don Kazimierz Figlewicz. El día estaba nublado, pero al final salió el sol. Como señal de buen auspicio, un rayo de su luz se posó sobre aquel pobre consagrado.

Después de la lectura del Evangelio el coro cantó: *Veni Creator Spiritus, / mentes tuorum visita: / imple superna gratia, / quae tu creasti pectora...* Mientras escuchaba aquel canto, una vez más, al igual que durante la ordenación sacerdotal e incluso con mayor claridad aún, se afianzaba dentro de mí la convicción de que, en realidad, el artífice de la consagración es el Espíritu Santo. Era para mí un motivo de consuelo y aliento ante todos los temores humanos que se presentan al asumir una responsabilidad tan grande. Era una idea que me infundía gran confianza: el Espíritu Santo me iluminará, me fortalecerá, me consolará, me instruirá… ¿Acaso no fue esta la promesa de Cristo mismo a sus Apóstoles?

En la liturgia se realizan de manera sucesiva varias acciones simbólicas, cada una con su propio significado. El obispo ordenante pregunta sobre la fe y la vida. La última de ellas dice así: «¿Quieres rogar continuamente a Dios todopoderoso por el pueblo santo y cumplir de manera irreprochable las funciones del sumo sacerdocio?». A lo cual, el candidato responde: «Sí, quiero, con la ayuda de Dios». En ese momento, el obispo consagrante concluye: «Dios, que comenzó en ti la obra buena, él mismo la lleve a término». Nuevamente afloraba en mi ánimo, difundiendo en él una serena confianza, este pensamiento: el Señor inicia ahora en ti su obra; no temas, encomiéndale tu camino; será Él mismo quien actúe y lleve a término lo que en ti ha comenzado (Sal 36 [37], 5).

En todas las ordenaciones (diaconado, sacerdocio, ordenación episcopal) el elegido se postra en tierra. Es signo de la total donación de sí mismo a Cristo, a Aquel que, para cumplir su misión sacerdotal, «se despojó de su rango y tomó la condición de esclavo […]. Y así, actuando como un hombre cualquiera, se rebajó hasta someterse incluso a la muerte, y una muerte de cruz» (Flp 2, 7-8). Una actitud similar se adopta el Viernes Santo, cuando el sacerdote que preside la asamblea litúrgica se postra en silencio. En este día del triduo sacro no se celebra la Santa Misa: la Iglesia se recoge para meditar en la Pasión de Cristo, desde su agonía en Getsemaní, cuando también Él oró postrado en tierra. En el alma del celebrante resuena con fuerza su petición: «Quedaos aquí y velad conmigo…» (Mt 26, 38).

Recuerdo aquel momento, cuando yacía postrado en tierra y los presentes cantaban las Letanías de los Santos. El obispo consagrante había invitado a la asamblea: «Oremos, hermanos, para que, en bien de la santa Iglesia, el Dios de todo poder y bondad derrame sobre este elegido la abundancia de su gracia». Luego se iniciaba el canto de las letanías:

> *Kyrie, eleison. Christe, eleison…*
> *Santa María, Madre de Dios,*
> *San Miguel,*
> *Santos Ángeles de Dios… ¡rogad por nosotros!*

Tengo una devoción especial al Ángel de la Guarda. Desde niño, probablemente como todos los niños, repetí tantas veces esta plegaria: «Ángel de Dios, que eres mi

custodio, ilumíname, custódiame, dirígeme y gobiérna-
me…». Mi Ángel de la Guarda sabe lo que estoy haciendo.
Mi confianza en él, en su presencia protectora, crece en mí
continuamente. San Miguel, san Gabriel, san Rafael son ar-
cángeles a los que invoco con frecuencia en la oración. Recuerdo también el hermoso tratado de santo Tomás sobre
los ángeles, espíritus puros.

> *¡San Juan Bautista,*
> *San José,*
> *Santos Pedro y Pablo,*
> *San Andrés,*
> *San Carlos… ¡rogad por nosotros!*

Como es sabido, fui ordenado sacerdote en la solem-
nidad de Todos los Santos. Este día ha sido siempre una
gran fiesta para mí. Por la bondad de Dios, he tenido la
gracia de poder celebrar el aniversario de la ordenación
sacerdotal en el día en que toda la Iglesia recuerda a los habitantes del Cielo. Desde lo alto interceden para que la comunidad eclesial crezca en la comunión bajo la acción del
Espíritu Santo, que la mueve a practicar el amor fraterno:
«Así como la comunión entre los cristianos todavía en camino nos lleva más cerca de Cristo, así la comunión con los
santos nos une a Cristo, del que mana como Fuente y Cabeza toda la gracia y la vida del Pueblo de Dios» (*Lumen
gentium*, 50).

Terminadas las letanías, el consagrando se levanta, se acerca al celebrante y este le impone las manos. Es precisamente el gesto fundamental que, según la tradición que se remonta a los Apóstoles, significa la entrega del Espíritu Santo. También los dos consagrantes imponen sucesivamente las manos sobre la cabeza del elegido. Es el momento culminante de la consagración episcopal. Conviene recordar aquí las palabras de la constitución conciliar *Lumen gentium*: «Para realizar estas funciones tan sublimes, los Apóstoles se vieron enriquecidos por Cristo con la especial del Espíritu Santo que descendió sobre ellos (Hch 1, 8; 2, 4; Jn, 22-23). Ellos mismos comunicaron a sus colaboradores, mediante la imposición de las manos (1 Tm 4, 14; 2 Tm 1, 6-7), el don espiritual que se ha transmitido hasta nosotros en la consagración episcopal [...]. Según la Tradición, que aparece clara sobre todo en los ritos litúrgicos y la práctica, tanto de la Iglesia de Oriente como de Occidente, es evidente que por la imposición de las manos y por las palabras de la consagración se confiere la gracia del Espíritu Santo, se queda marcado con el carácter sagrado. En consecuencia, de manera eminente y visible, hacen las veces del mismo Cristo, Maestro, Pastor y Sacerdote, y actúan en su persona» (n. 21).

Los obispos ordenantes

No puedo omitir al consagrante principal, el arzobispo
Eugeniusz Baziak. He recordado ya la complicada historia
de su vida y de su ministerio episcopal. Su origen como
obispo tenía gran importancia para mí, porque él fue el eslabón que me unía a la sucesión apostólica. Fue consagrado por el arzobispo Bolesław Twardowski. Este, a su vez,
había sido consagrado por el obispo Józef Bilczewski, que
he tenido recientemente el gozo de beatificar en Lvov, en
Ucrania. Bilczewski, en fin, fue consagrado por el cardenal
Jan Puzyna, arzobispo de Cracovia, y los dos obispos consagrantes fueron el beato Józef Sebastian Pelczar, obispo de
Przemyśl, y el siervo de Dios Andrzej Szeptycki, arzobispo
grecocatólico. Todo esto suponía una gran responsabilidad
para mí. ¿Cómo no tener en cuenta la tradición de santidad de estos grandes pastores de la Iglesia?

En mi ordenación, los otros dos obispos fueron monseñor Franciszek Jop de Opole y monseñor Bolesław Kominek de Wrocław. Los recuerdo con gran respeto y conside-
ración. Durante el período del estalinismo, el obispo Jop
fue un hombre providencial para Cracovia. El arzobispo
Baziak fue segregado, y se designó a monseñor Jop como
vicario capitular de Cracovia. Gracias a él la Iglesia de esta
ciudad sobrevivió entonces a la dura prueba sin grandes da-
ños. También el obispo Bolesław Kominek tenía relación
con Cracovia. En el período estalinista, cuando ya era obis-

po, las autoridades comunistas le prohibieron entrar en su diócesis. Se estableció en Cracovia como prelado mitrado. Solo más tarde le fue posible tomar posesión canónica de su diócesis de Wrocław. En 1965 fue nombrado cardenal. Ambos fueron grandes hombres de Iglesia, que en tiempos difíciles dieron ejemplo de gran talla personal y ofrecieron su testimonio de fidelidad a Cristo y al Evangelio. ¿Cómo prescindir de esta valiosa «ascendencia» espiritual?

LAS ACCIONES LITÚRGICAS DE LA CONSAGRACIÓN

Recuerdo también otras acciones litúrgicas significativas. Primero la imposición del libro de los Evangelios sobre el elegido, mientras se canta la plegaria de ordenación. En este momento, la unión del signo con la palabra es de gran elocuencia. La primera impresión hace pensar en el peso de la responsabilidad que el obispo asume respecto al Evangelio: la importancia de la llamada de Cristo para que se le anuncie hasta los extremos confines de la tierra, dando testimonio con la propia vida. Pero, cuando se profundiza más en lo que dice este signo, uno se da cuenta de que lo que se está realizando tiene su origen en el Evangelio, hunde en él sus raíces. Por tanto, al tomar conciencia de esto, quien recibe la ordenación episcopal encuentra consuelo e inspiración. A la luz de la Buena Nueva de la Resurrección de Cristo se hacen inteligibles y eficaces las palabras de la oración: *Effunde super hunc Electum eam virtutem, quae a te est, Spiritum principalem, quem dedisti dilecto Filio tuo Iesu Christo, quem ipse donavit sanctis Apostolis...* Infunde ahora sobre este tu elegido la fuerza que de ti procede: el Espíritu de gobierno que diste a tu amado Hijo Jesucristo, y él, a su vez, comunicó a los santos Apóstoles...[3]

La liturgia de la ordenación episcopal prosigue con la unción con el sagrado crisma. Es un gesto profundamente enraizado en los sacramentos anteriores, desde el bautismo y la confirmación. En la ordenación sacerdotal se ungen las manos; en la episcopal, la cabeza. También este gesto nos habla de la transmisión del Espíritu Santo, el cual se adentra en el interior del ungido, toma posesión de él y lo convierte en instrumento suyo. La unción de la cabeza significa la llamada a nuevas responsabilidades: el obispo tendrá en la Iglesia tareas directivas que lo ocuparán a fondo. También esta unción mediante el Espíritu Santo tiene la misma fuente de todas las demás: Jesucristo, el Mesías.

El nombre *Cristo* es la traducción griega del término hebreo *mašiah*, «mesías», que quiere decir «ungido». En Israel se ungía en nombre de Dios a los elegidos por Él para cumplir una misión especial. Podía tratarse de una misión profética, sacerdotal o real. Sin embargo, el nombre de «mesías» se refería sobre todo al que habría de venir para instaurar definitivamente el Reino de Dios, en el que se cumplirían las promesas de salvación. Él tenía que ser «ungido» mediante el Espíritu del Señor como profeta, como sacerdote y como rey.

La palabra *Ungido-Cristo* se convirtió en el nombre propio de Jesús, pues en Él se cumplió de modo perfecto la misión divina que ese término expresaba. El Evangelio nunca dice que Jesús fuera ungido externamente, como lo fueron en el Antiguo Testamento David y Aarón, por cuya barba estilaba ungüento precioso (Sal 132 [133], 2). Cuando hablamos de su «unción» nos referimos a la otorgada directamente por el Espíritu Santo, atestiguada y significada por el perfecto cumplimiento que Jesús hizo de la tarea que el Padre le había encomendado. Esto es lo que explicaba muy bien el obispo san Ireneo: «En el nombre de Cristo se oculta Aquel que ha ungido, Aquel que ha sido ungido, y la Unción misma con la que ha sido ungido. Aquel que ungió es el Padre; Aquel que fue ungido es el Hijo; y ha sido ungido en el Espíritu, que es la Unción».[4]

En el nacimiento de Jesús, los ángeles anunciaron a los pastores: «Hoy, en la ciudad de David, os ha nacido un Salvador: el Mesías, el Señor» (Lc 2, 11). El Cristo, es decir, el Ungido. Con él nace la unción universal, mesiánica y salvífica, de la que participan todos los bautizados, y también la unción especial de la que Él, el Mesías, ha querido hacer partícipes a los obispos y a los sacerdotes, elegidos para la misión apostólica para el bien de su Iglesia. El santo óleo del crisma, signo del poder del Espíritu Santo, descien-

de sobre nuestras cabezas insertándonos en la obra mesiánica de salvación y, junto con la unción, hemos recibido de
un modo cualitativamente específico la triple función: profética, sacerdotal y real.

El santo crisma

Doy gracias al Señor por la primera unción con el santo
crisma, que recibí en mi ciudad de origen, Wadowice. Fue
en el bautismo. Mediante ese baño sacramental, todos hemos sido justificados e injertados en Cristo. Recibimos también por primera vez el don del Espíritu Santo. Eso es precisamente lo que significa la unción con el santo crisma: la
efusión del Espíritu que da la nueva vida en Cristo y nos
hace capaces de vivir según la justicia divina. En el sacramento de la confirmación, esta primera unción se completa
con el sello del Espíritu Santo. El vínculo profundo y directo entre estos sacramentos se manifiesta de manera especial
en la liturgia del bautismo de adultos. Las Iglesias orientales
lo han conservado también en el bautismo de los niños, los
cuales, junto con el primer sacramento, reciben también el
de la confirmación.

La relación entre estos dos primeros sacramentos, y el
santísimo misterio de la Eucaristía, con la vocación sacerdotal y episcopal es tan estrecha y profunda, que podemos
seguir descubriendo cada vez nuevas riquezas con el cora-

zón agradecido. Nosotros, los obispos, no solamente hemos recibido estos sacramentos, sino que hemos sido enviados a bautizar, a reunir la Iglesia en torno a la Mesa del Señor, a confirmar a los discípulos de Cristo con el sello del Espíritu Santo en el sacramento de la confirmación. En su ministerio, el obispo tiene muchas veces ocasión de administrar este sacramento, ungiendo a las personas con el santo crisma y transmitiéndoles el don del Espíritu Santo, que es fuente de vida en Cristo.

En muchos lugares, durante las ordenaciones, los fieles cantan: «Pueblo de reyes, asamblea santa, pueblo sacerdotal, pueblo de Dios: ¡bendice a tu Señor!». También me gusta este otro canto, que tiene un mensaje profundo:

¡A Ti cantamos, Hijo amado del Padre!
Te glorificamos, Sabiduría eterna, Verbo de Dios vivo.
A Ti cantamos, Hijo único de María Virgen,
Te adoramos, Cristo hermano nuestro,
que has venido para salvarnos.
A Ti cantamos, Mesías acogido por los pobres,
Te adoramos, oh Cristo, nuestro Rey manso y humilde
[...]
A Ti cantamos, oh vid que das la Vida,
a nosotros, tus sarmientos.

Toda vocación nace en Cristo, y esto es precisamente lo que se manifiesta cada vez en la unción con el crisma,

desde el Santo Bautismo hasta la unción de la cabeza del
obispo. En eso se funda la común dignidad de todas las
vocaciones cristianas. Desde este punto de vista, todas son
iguales. Las diferencias se derivan del papel que Cristo asigna a cada uno en la comunidad de la Iglesia y de la responsabilidad que ello comporta. Debe ponerse gran atención a
«que nada se pierda» (Jn 6, 12): ninguna vocación debe
malograrse, porque todas son valiosas y necesarias. El Buen
Pastor ha dado su vida por la de cada uno de nosotros
(Jn 10, 11). Esto es responsabilidad del obispo. Ha de saber que su cometido es procurar que en la Iglesia surjan y
se desarrollen todo tipo de vocaciones, cualquier misión,
hasta la que parece más insignificante, para la cual Cristo
elige a cada ser humano. Por eso el obispo, como hace Cristo, llama, reúne, enseña en torno a la mesa del Cuerpo y de
la Sangre del Señor. Guía y sirve a la vez. Debe ser fiel a la
Iglesia y a cada uno de sus miembros, hasta al más pequeño, a quien Cristo ha llamado y con el cual se identifica
(Mt 25, 45). Como signo de esa fidelidad, el obispo recibe
el anillo.

EL ANILLO Y EL RACIONAL

El anillo que se impone al obispo significa que contrae
sagradas nupcias con la Iglesia. *Accipe anulum, fidei signa-
culum*, «Recibe este anillo, signo de fidelidad, y permane-

ce fiel a la Iglesia, esposa santa de Dios». *Esto fidelis usque ad mortem*…, se recomienda en el libro del Apocalipsis: «Sé fiel hasta la muerte y te daré la corona de la vida» (2, 10). El anillo, símbolo nupcial, expresa el vínculo especial del obispo con la Iglesia. Para mí es una llamada cotidiana a la fidelidad. Una especie de interpelación silenciosa que se hace oír en la conciencia: ¿me doy totalmente a mi Esposa, la Iglesia? ¿Soy suficientemente *para* las comunidades, las familias, los jóvenes y los ancianos, y también *para* los que todavía están por nacer? El anillo me recuerda también la necesidad de ser sólido «eslabón» en la cadena de la sucesión que me une a los Apóstoles. Y la resistencia de una cadena se mide en función del eslabón más débil. Debo ser un anillo fuerte, fuerte con la fuerza de Dios: «El Señor es mi fuerza y mi escudo» (Sal 27 [28], 7). «Aunque camine por cañadas oscuras, nada temo, porque tú vas conmigo: tu vara y tu cayado me sosiegan» (Sal 22 [23], 4).

Los obispos de Cracovia tienen un privilegio especial que, por lo que sé, lo tienen solo cuatro diócesis en el mundo. Consiste en llevar el llamado racional, un signo que en su forma externa recuerda al palio. En Cracovia, en el tesoro del Wawel, se conserva el racional regalado por la reina Edvige. En sí mismo, este signo no dice nada. Adquiere significado solamente cuando lo lleva el arzobispo: entonces da a entender su autoridad y, precisamente porque tiene autoridad, debe servir. En cierto sentido, se puede ver en él un símbolo de la pasión de Cristo y de todos los mártires. Cuando lo llevaba puesto, más de una vez me ha recordado las palabras que el apóstol Pablo, ya de una cierta edad, dirigía al todavía joven obispo Timoteo: «No tengas miedo de dar la cara por nuestro Señor y por mí, su prisionero. Toma parte en los duros trabajos del Evangelio, según la fortaleza que Dios te dé» (2 Tm 1, 8).

«GUARDA EL DEPÓSITO» (1 Tm 6, 20)

Después de la oración de ordenación, el ritual prevé la entrega del libro de los Evangelios al obispo ordenado. Este acto indica que el obispo debe acoger y anunciar la Buena Nueva. Es el signo de la presencia en la Iglesia de Jesús Maestro.

Esto quiere decir que la tarea de enseñar pertenece a la esencia de la vocación del obispo: debe ser maestro. Sabemos cuántos eminentes obispos desde la antigüedad hasta nuestros tiempos han desempeñado de modo ejemplar esa vocación. Tuvieron muy en cuenta las sabias advertencias del apóstol Pablo, por el que se sintieron personalmente interpelados: «Timoteo, guarda el depósito [de la fe]. Evita las palabrerías profanas y también las discusiones de la falsa ciencia» (1 Tm 6, 20). Fueron egregios maestros porque centraron su vida espiritual en la escucha y el anuncio de la Palabra. O, por decirlo en otros términos, supieron abandonar las palabras inútiles para dedicarse con toda su energía a «la única cosa necesaria» (Lc 10, 42).

En efecto, el obispo tiene el oficio de hacerse servidor de la Palabra. Precisamente por ser maestro se sienta en la cátedra —es decir, en asiento puesto emblemáticamente en la iglesia que, por eso, se llama «catedral»— para predicar, anunciar y explicar la Palabra de Dios. Nuestros tiempos plantean nuevas exigencias a los obispos en cuanto maestros, pero les ofrecen también medios nuevos y estupendos que le ayudan en el anuncio del Evangelio. La facilidad de movimientos les permite visitar con frecuencia las diversas iglesias y comunidades de su diócesis. Pueden utilizar la radio, la televisión, internet, la palabra impresa. Para anunciar la Palabra de Dios, los obispos cuentan con la ayuda de sacerdotes y diáconos, de catequistas y maestros, de profesores de teología y de laicos cultos y fieles al Evangelio, que cada día son más numerosos.

Sin embargo, nada puede sustituir la presencia del obispo que, sentado en la cátedra o de pie ante el ambón de su iglesia episcopal, explica personalmente la palabra de Dios a los reunidos en torno a sí. También él, como el «letrado que entiende del Reino de los Cielos es como un padre de familia que va sacando del arca lo nuevo y lo antiguo» (Mt 13, 52). A este respecto, me complace mencionar al arzobispo emérito de Milán, al cardenal Carlos María Martini, cuyas catequesis en la catedral milanesa atraían a multitud de personas, a las que desvelaba los tesoros de la Palabra de Dios. Y este es solo un ejemplo entre muchos, que demuestran el hambre tan grande que tiene la gente de la Palabra de Dios. ¡Qué importante es saciar esa hambre!

Siempre he tenido la convicción de que, si quiero satisfacer esa hambre interior de los demás, es preciso que, a ejemplo de María, escuche yo antes la Palabra de Dios y «la medite en mi corazón» (Lc 2, 19). Al mismo tiempo, he ido comprendiendo cada vez mejor que el obispo debe saber escuchar también a las personas a las que anuncia la Buena Nueva. Es importante que el obispo no se deje aturdir por la avalancha de palabras, imágenes y sonidos que se produce en la actualidad. Ha de ponerse a la escucha de Dios y de sus interlocutores, convencido de que todos estamos unidos en el mismo misterio de la Palabra de Dios sobre la salvación.

LA MITRA Y EL BÁCULO

Sin duda alguna, ser nombrado obispo es un honor. Pero esto no significa que el candidato haya sido elegido para considerarse diverso de los demás, como si fuera un hombre y un cristiano eminente. El honor que se le tributa depende en realidad de su misión, que es la de presentarse en el centro de la Iglesia para ser el primero en la fe, el primero en la caridad, el primero en la fidelidad y el primero en el servicio. Si uno busca en el episcopado solamente el honor en sí mismo, no logrará cumplir bien su misión episcopal. La primera y más importante característica del honor debido al obispo reside en la responsabilidad que conlleva su ministerio.

«No se puede ocultar una ciudad puesta en lo alto de un monte» (Mt 5, 14). El obispo está siempre en lo alto de un monte, en el candelero, visible a todos. Debe darse cuenta de que todo lo que sucede en su vida tiene importancia para la comunidad: todos «tenían los ojos fijos en él» (Lc 4, 20). Así como un padre de familia educa en la fe a sus hijos sobre todo con el ejemplo de su religiosidad y de su oración, así también el obispo edifica a sus fieles con su comportamiento. Por eso, el autor de la Primera Carta de Pedro pide con tanta insistencia a los obispos que sean «modelo de la grey» (5, 3). Desde esta perspectiva, la imposición de la mitra adquiere un significado particular en la liturgia de la ordenación. El obispo neoelecto la recibe como si fuera una exhortación a esforzarse para que en él «brille el resplandor de la santidad» y merezca recibir «la corona de gloria que no se marchita» cuando aparezca Cristo, el «Príncipe de los pastores».[5]

El obispo está llamado de una manera especial a la santidad personal, para contribuir al incremento de la santidad de la comunidad eclesial que le ha sido confiada. Es el responsable de que se lleve a cabo la vocación universal a la santidad de la que habla el capítulo V de la constitución conciliar *Lumen gentium*. Como escribí al finalizar el Gran Jubileo, en esta vocación está la «dinámica intrínseca y determinante» de la eclesiología (*Novo millennio ineunte*, 30). El Pueblo, «reunido por la unidad del Padre, del Hijo y del Espíritu Santo», es un Pueblo que pertenece a Quien es «tres veces santo» (Is 6, 3). «Confesar a la Iglesia como santa —escribía— es mostrar su rostro de *Esposa de Cristo*, por la cual él se entregó precisamente para santificarla» (*Novo millennio ineunte*, 30). Es un don de santidad que se convierte en quehacer. Y se debe notar constantemente que toda la vida del cristiano debe orientarse a este fin: «Esto quiere Dios de vosotros: una vida sagrada» (1 Ts 4, 3).

Al comienzo de los años setenta escribí, refiriéndome a la constitución *Lumen gentium*: «La historia de la salvación es la historia de todo el Pueblo de Dios y esta historia pasa a través de la vida de las personas individuales, concretándose nuevamente en cada una de ellas. El significado esencial de la santidad consiste en esto: en que siempre es una santidad personal. Esto es confirmado por la llamada "universal" a la santidad. Todos los miembros del Pueblo de Dios son llamados, pero cada uno de ellos es único e irrepetible».[6] Por lo demás, la santidad de cada uno contribuye a aumentar la belleza del rostro de la Iglesia, Esposa de Cristo, favoreciendo la acogida de su mensaje por parte del mundo contemporáneo.

En el rito de la ordenación episcopal viene después la entrega del báculo pastoral. Es el signo de la autoridad que compete al obispo para cumplir su deber de atender a la grey. También este signo se encuadra en la perspectiva de la preocupación por la santidad del Pueblo de Dios. El pastor debe vigilar y proteger, conducir a las ovejas por prados de hierba fresca (Sal 22 [23], 2); en esos prados el pastor descubrirá que la santidad no es «una especie de vida extraordinaria, practicada solo por algunos "genios" de la santidad. Los caminos de la santidad son múltiples y adecuados a la vocación de cada uno» (*Novo millennio ineunte*, 31). ¡Qué potencial de gracia queda como aletargado en la muchedumbre incontable de los bautizados! Ruego incesantemente para que el Espíritu Santo inflame con su fuego los corazones de los obispos, de manera que lleguemos a ser maestros de santidad, capaces de arrastrar a los fieles con nuestro ejemplo.

Me viene a la mente la conmovedora despedida de san Pablo a los ancianos de la Iglesia de Éfeso: «Tened cuidado de vosotros y del rebaño que el Espíritu Santo os ha encargado de guardar, como pastores de la Iglesia de Dios, que él adquirió con la sangre» (Hch 20, 28). El mandato de Cristo apremia a todo pastor: «Id, y haced discípulos de todos los pueblos» (Mt 28, 19). ¡Id, nunca os detengáis! La aspiración del Maestro divino nos es bien conocida: «Os he destinado para que vayáis y deis fruto, y vuestro fruto dure» (Jn 15, 16).

El báculo con el Crucifijo que uso ahora es una copia del que usaba Pablo VI. En él veo simbolizadas tres tareas: solicitud, guía, responsabilidad. No es un signo de autoridad en el sentido corriente de la palabra. Tampoco es signo de precedencia o supremacía sobre los otros; es signo de servicio. Como tal, expresa el deber de atender a las necesidades de las ovejas: «Para que tengan vida y la tengan en abundancia» (Jn 10, 10). El obispo debe dirigir y hacer de guía. Será escuchado y amado por sus fieles en la medida en que imite a Cristo, el Buen Pastor, que «no ha venido para que le sirvan, sino para dar su vida en rescate por muchos» (Mt 20, 28). «¡Servir!» ¡Cómo me gusta esta palabra! Sacerdocio «ministerial», un término que sorprende...

A veces se oye a alguno que defiende el poder episcopal entendido como precedencia: son las ovejas, dice, las que deben ir detrás del pastor, y no el pastor detrás de las ovejas. Se puede estar de acuerdo, pero en el sentido de que el pastor debe ir delante para «dar la vida por sus ovejas»; es él quien debe ser el primero en sacrificarse y dedicarse a ellas: «Ha resucitado el buen pastor, que dio la vida por sus ovejas. Y se dignó morir por su rebaño».[7] El obispo tiene la precedencia en el amor generoso por los fieles y por la Iglesia, según el modelo de san Pablo: «Me alegra sufrir por vosotros: así completo en mi carne los dolores de Cristo, sufriendo por su cuerpo, que es la Iglesia» (Col 1, 24).

Ciertamente, al oficio de Pastor corresponde también amonestar. Pienso que, bajo este aspecto, quizá he hecho demasiado poco. Hay siempre un problema en la relación entre autoridad y servicio. Tal vez deba reprocharme a mí mismo por no haber intentado lo suficiente para mandar. En cierta medida es debido a mi temperamento. Pero de algún modo hace referencia también al deseo de Cristo, que pidió a sus Apóstoles servir, más que mandar. Naturalmente, la autoridad corresponde al obispo, pero mucho depende del modo en que se ejerza esa autoridad. Si el obispo se apoya demasiado en la autoridad, la gente piensa enseguida que solo sabe mandar. Al contrario, si adopta una actitud de servicio, los fieles se sienten espontáneamente dispuestos a escucharle y se someten gustosos a su autoridad. Parece que en esto hace falta un cierto equilibrio. Si el obispo dice: «¡Aquí solo mando yo!», o «Aquí el único que está dispuesto a servir soy yo», algo falla. El obispo debe servir gobernando y gobernar sirviendo. Un modelo elocuente es Cristo mismo: Él servía siempre, pero en el espíritu divino de servicio sabía también expulsar a los mercaderes del templo cuando era necesario.

No obstante, pienso que, a pesar de la resistencia interior que sentía a la hora de reprender, he tomado todas las decisiones que han sido necesarias. Como metropolitano de Cracovia hice de todo para llegar a ellas de modo colegial, es decir, en diálogo con los obispos auxiliares y con los otros colaboradores. Cada semana teníamos nuestras sesiones curiales, durante las que se discutían todas las cuestiones desde el punto de vista del mayor bien para la archidiócesis. Solía hacer dos preguntas a mis colaboradores. La primera: «¿Cuál es la verdad de fe que ilumina este problema?». Y la segunda: «¿A quién podemos recurrir o preparar para resolverlo?». Encontrar la motivación religiosa para actuar y la persona adecuada para llevar a cabo una determinada tarea era un buen comienzo, que daba buenas esperanzas de éxito a las iniciativas pastorales.

Con la entrega del báculo concluye la ceremonia de la ordenación. Luego comienza la Santa Misa, que el nuevo obispo concelebra con los obispos ordenantes. Todos estos momentos han permanecido tan cargados de significado, de pensamientos, de impacto personal en la conciencia, que resulta imposible expresarlos adecuadamente o siquiera añadir algo más.

La peregrinación al santuario de María

Al terminar la Santa Misa me trasladé directamente desde el Wawel al Seminario Mayor, porque allí tendría lugar la recepción de los invitados; pero incluso aquella misma noche me fui con el grupo de amigos más íntimos a Częstochowa, donde a la mañana del día siguiente celebré la Santa Misa en la capilla del icono milagroso de Nuestra Señora.

Częstochowa es un sitio especial para los polacos. En cierto sentido se identifica con Polonia y con su historia, sobre todo con la historia de las luchas por la independencia nacional. Aquí se encuentra el santuario de la nación, llamado Jasna Góra. *Clarus mons*, «Claromonte»: este nombre, que se refiere a la luz que disipa las tinieblas, adquirió un significado particular para los polacos que vivieron en los tiempos sombríos de las guerras, de los desmembramientos territoriales y de las ocupaciones. Todos sabían que la fuente de esta luz de esperanza era la presencia de María en su milagrosa imagen. Así sucedió, quizá por primera vez, durante la invasión de los suecos, que pasó a la historia con el apelativo de «diluvio»; en aquellas circunstancias —algo significativo— el santuario se convirtió en una fortaleza que el invasor no logró conquistar. La nación consideró este hecho como una promesa de victoria. La fe en la protección de María dio a los polacos la fuerza para derrotar al invasor. Desde entonces, el santuario de Jasna Góra se ha convertido en cierto sentido en el baluarte de la fe, del espíritu, de la cultura y de todo lo que determina la identidad nacional.

Así ocurrió especialmente durante el largo período en que se perdió la soberanía del Estado y su territorio quedó

desgajado. A esto se refería Pío XII durante la Segunda
Guerra Mundial, cuando afirmaba: «Polonia no ha desaparecido y no desaparecerá. Porque Polonia cree, Polonia
reza, Polonia tiene Jasna Góra». Gracias a Dios esas palabras se cumplieron.

Sin embargo, más tarde hubo otro período oscuro en
nuestra historia, el de la dominación comunista. Las autoridades del partido eran conscientes de lo que significa-
ban para los polacos Jasna Góra, la Imagen milagrosa y la
ferviente devoción mariana que había en su entorno desde
los inicios. Por eso, cuando por iniciativa del episcopado, y
especialmente del cardenal Stefan Wyszyński, salió de Częstochowa la peregrinación de la Imagen de la «Virgen Negra» para visitar todas las parroquias y comunidades de
Polonia, las autoridades comunistas hicieron todo lo posible para impedir esta «visita». Cuando la Imagen fue
«arrestada» por la policía, la peregrinación continuó con el
marco vacío, y su mensaje se hizo más elocuente aún. En
aquel marco sin imagen se podía leer una señal muda de la
falta de libertad religiosa. La nación sabía que tenía derecho a ella y rezó aún más para obtenerla. Aquella peregrinación duró casi veinticinco años y produjo entre los polacos un extraordinario fortalecimiento en la fe, en la
esperanza y en la caridad.

Todos los polacos creyentes van en peregrinación a
Częstochowa. Yo también iba allí desde pequeño para participar en una u otra peregrinación. En 1936 hubo una muy

grande de la juventud universitaria de toda Polonia, que concluyó con el solemne juramento ante la Imagen. Luego se ha repetido cada año.

Durante la ocupación nazi hice aquella peregrinación cuando era ya estudiante de literatura polaca en la facultad de Filosofía de la Universidad Jagellónica. Lo recuerdo de manera especial, porque para mantener la tradición fuimos a Częstochowa, como delegados, Tadeusz Ulewicz, yo y una tercera persona. Jasna Góra estaba rodeada por el ejército hitleriano. Los Padres Eremitas de San Pablo nos ofrecieron hospitalidad. Sabían que éramos una delegación. Todo permaneció en secreto. Tuvimos así la satisfacción de haber conseguido mantener, a pesar de todo, aquella tradición. Después me dirigí más veces al santuario, participando en diversas peregrinaciones, en particular en la de Wadowice.

Cada año en Jasna Góra tenían lugar los ejercicios espirituales de los obispos, normalmente al comienzo de septiembre. Tomé parte por primera vez en ellos cuando todavía era simple obispo preconizado. Me llevó consigo el arzobispo Baziak. Recuerdo que el predicador era don Jan Zieja, sacerdote de eminente personalidad. El primer puesto lo ocupó, como es natural, el cardenal primado Stefan Wyszyński, un hombre verdaderamente providencial para los tiempos que estábamos viviendo.

Quizá de aquellas peregrinaciones a Jasna Góra nació el deseo de que los primeros pasos de mi peregrinar como

Papa se dirigiesen a un santuario mariano. Este deseo me llevó, en el primer viaje apostólico a México, a los pies de la Virgen de Guadalupe. En el amor que tienen los mexicanos y en general los habitantes de América Central y del Sur por la Virgen de Guadalupe —amor que se expresa de modo espontáneo y emotivo, pero muy intenso y profundo— hay numerosas analogías con la devoción mariana polaca, que fraguó también mi espiritualidad. Afectuosamente llaman a María la *Virgen Morenita,* nombre que puede ser traducido libremente como «Virgen Negra». Hay allí un canto popular muy conocido que habla del amor de un muchacho por una muchacha; los mexicanos refieren este canto a Nuestra Señora. En mis oídos resuenan siempre estas melodiosas palabras:

> *Conocí a una linda Morenita... y la quise mucho.*
> *Por las tardes iba yo enamorado y cariñoso a verla.*
> *Al contemplar sus ojos, mi pasión crecía.*
> *Ay Morena, Morenita mía, no te olvidaré.*
> *Hay un Amor muy grande que existe entre los dos,*
> *entre los dos...*

Visité el santuario de Guadalupe en enero de 1979, durante mi primera peregrinación apostólica. El viaje fue decidido como respuesta a la invitación a participar en la asamblea de la Conferencia de los obispos de América Latina (CELAM), en Puebla. Aquella peregrinación inspiró en cierto sentido todos los siguientes años del pontificado.

Me detuve antes en Santo Domingo, desde donde me dirigí a México. Había algo de extraordinariamente conmovedor cuando, al ir hacia el lugar donde teníamos que descansar, atravesábamos las calles plagadas de gente. Se podía, por así decir, tocar con la mano la devoción de aquellas innumerables personas. Cuando llegamos finalmente al lugar donde debíamos pernoctar, la gente continuaba cantando, y era ya medianoche. Entonces Stanisław (don Stanisław Dziwisz) se vio obligado a salir para hacerles callar, explicándoles que el Papa tenía que dormir. Entonces se calmaron.

Recuerdo que interpreté aquel viaje a México como una especie de «salvoconducto», que podría abrirme camino a la peregrinación a Polonia. Pensé que los comunistas de Polonia no podrían negarme el permiso de entrada en Polonia después de haber sido recibido en un país con una constitución totalmente laica, como la del México de entonces. Quería trasladarme a Polonia, y esto se pudo realizar en el mes de junio del mismo año.

Guadalupe, el santuario más grande de toda América, es para aquel continente lo que Częstochowa es para Polonia. Son dos mundos un poco distintos: en Guadalupe está el mundo latinoamericano, en Częstochowa está el eslavo, está Europa Oriental. Me pude dar cuenta durante la Jornada Mundial de los Jóvenes, en 1991, cuando por primera vez se presentaron en Częstochowa jóvenes provenientes de más allá de las fronteras orientales de Polonia: de Ucrania, de Letonia, de Bielorrusia, de Rusia… Todos los territorios de Europa Oriental estaban representados.

Volvamos a Guadalupe. En el año 2002 tuve la gracia de celebrar en aquel santuario la canonización de Juan Diego. Fue una estupenda ocasión para dar gracias a Dios. Juan Diego, después de haber recibido el mensaje cristiano, sin renunciar a su identidad indígena, descubrió la profunda verdad de la nueva humanidad, en la que todos estamos llamados a ser hijos de Dios en Cristo: «Te doy gracias, Padre […], porque has escondido estas cosas a los sabios y entendidos, y se las has revelado a las gentes sencillas» (Mt 11, 25). Y, en este misterio, María ha tenido un papel del todo singular.

SEGUNDA PARTE

LA ACTIVIDAD DEL OBISPO

Desempeña tu servicio.

(2 Tm 4, 5)

LAS TAREAS DEL OBISPO

De vuelta a Cracovia tras mi primera peregrinación a Jasna Góra como obispo, comencé a ir a la Curia. Inmediatamente fui nombrado vicario general. Puedo decir con franqueza que hice estrecha amistad con todos los miembros de la Curia de Cracovia. Don Stefan Marszowski, don Mieczysław Satora, don Mikołaj Kuczkowski, don Bohdan Niemczewski, mitrado. Este último, como decano del capítulo, fue más tarde el más decidido defensor de mi nombramiento como arzobispo, a pesar de que eso fuera contrario a la tradición aristocrática: en Cracovia los arzobispos son elegidos normalmente entre los aristócratas. Por eso fue una sorpresa cuando, después de una larga lista de aristócratas, fui nombrado yo, un «proletario». Pero eso sucedió algunos años después, en 1964. Volveré más adelante.

En la Curia me encontraba bien, y los años transcurridos en Cracovia los recuerdo con mucho afecto y gratitud. Comenzaron a venir a verme sacerdotes, cada uno con sus

problemas. Me puse a trabajar con entusiasmo. En primavera comenzaron las visitas pastorales.

Iba entrando progresivamente en mi nuevo papel eclesial. Con la vocación episcopal y la consagración había
aceptado nuevas tareas; en una síntesis de lo esencial están
expresadas en la liturgia de la ordenación episcopal. Como
he dicho antes, ya en los tiempos de mi consagración episcopal, en el año 1958, el rito de la ordenación había sufrido cambios, aun permaneciendo inmutable en lo sustancial. La antigua usanza establecida por los Padres de la
Iglesia impone preguntar al futuro obispo, en presencia del
pueblo, si se compromete a conservar íntegra la fe y a cumplir el ministerio que se le ha confiado. Actualmente las
preguntas se presentan así:

Querido hermano:
¿Quieres consagrarte, hasta la muerte,
al ministerio episcopal que hemos heredado de los Apóstoles,
y que por la imposición de nuestras manos
te va a ser confiado con la gracia del Espíritu Santo?

¿Quieres anunciar con fidelidad y constancia
el Evangelio de Cristo?

¿Quieres conservar íntegro y puro el depósito de la fe,
tal como fue recibido de los Apóstoles
y conservado en la Iglesia y en todo lugar?

¿Quieres edificar la Iglesia, Cuerpo de Cristo,
y permanecer en su unidad con el orden de los obispos,
bajo la autoridad del sucesor de Pedro?

¿Quieres obedecer fielmente al sucesor Pedro?

Con amor de padre, ayudado de tus presbíteros y diáconos,
¿Quieres cuidar del pueblo santo de Dios
y dirigirlo por el camino de la salvación?

Con los pobres, con los inmigrantes, con todos los necesitados,
¿Quieres ser siempre bondadoso y comprensivo?

Como buen pastor,
¿Quieres buscar las ovejas dispersas
y conducirlas al aprisco del Señor?

¿Quieres rogar continuamente a Dios todopoderoso
por el pueblo santo
y cumplir de manera irreprochable las funciones
del sumo sacerdocio?[1]

Las palabras que acabo de citar quedan ciertamente grabadas profundamente en el corazón de todo obispo. En ellas se percibe el eco de las preguntas de Jesús a Pedro en el lago de Galilea: «Simón, hijo de Juan, ¿me amas más que estos? [...]. Jesús le dice: Apacienta mis corderos. Por segunda vez le pregunta: Simón, hijo de Juan, ¿me amas? [...]. Él le dice: Pastorea mis ovejas. Por tercera vez le pregunta: Simón, hijo de Juan, ¿me quieres? Se entristeció Pedro de que le preguntara por tercera vez si lo quería, y le contestó: Señor, tú conoces todo. Tú sabes que te quiero. Jesús le dice: Apacienta mis ovejas» (Jn 21, 15-17). ¡No tus ovejas, no las vuestras, sino las mías! Fue Él quien creó al hombre. Ha sido Él quien le ha redimido. ¡Él ha rescatado a todos, hasta al último, al precio de su Sangre!

Pastor

La tradición cristiana ha fijado en tres símbolos la imagen bíblica del pastor: el que lleva sobre sus hombros la oveja perdida; el que guía a su rebaño a exuberantes pastos; el que con su bastón recoge a sus ovejas y las protege contra los peligros.

En las tres imágenes aparece el mismo mensaje: «El pastor es para las ovejas y no las ovejas para el pastor». Si es un pastor de verdad, está tan unido a ellas que está dispuesto a «dar la vida por sus ovejas» (Jn 10, 11). Todos los años, durante la XXIV y la XXV semana del tiempo ordinario, la *Liturgia de las Horas*, se presenta el largo «Discurso sobre los pastores» de san Agustín.[2] Refiriéndose al libro del profeta Ezequiel, el obispo de Hipona reprende con vigor a los pastores que no cuidan de las ovejas, sino de sí mismos: «Oigamos, pues, lo que la palabra divina, sin halagos para nadie, dice a los pastores que se apacientan a sí mismos en vez de apacentar a las ovejas: "Os coméis su enjundia, os vestís con su lana [...]. No fortalecéis a las débiles, ni curáis a las enfermas, ni vendáis a las heridas; no recogéis a las descarriadas, ni buscáis a las perdidas, y maltratáis brutalmente a las fuertes. Al no tener pastor, se desperdigaron"».[3]

San Agustín llega, sin embargo, a una afirmación llena de optimismo: «No faltan, en efecto, los buenos pastores, pero todos se encuentran en la persona de uno solo... Todos los buenos pastores se identifican con la persona de uno solo, son una sola cosa... En los que apacientan es Cristo quien apacienta... está en ellos mi voz, en ellos su amor».[4]

Impresionan también las consideraciones de san Gregorio Magno: «El mundo está lleno de sacerdotes, y, sin embargo, es muy difícil encontrar un trabajador para la mies del Señor; porque hemos recibido el ministerio sacerdotal, pero no cumplimos con los deberes de este ministerio [...]. Descuidamos, en efecto, fácilmente el ministerio de la predicación y, para vergüenza nuestra, nos continuamos llamando obispos; nos place el prestigio que da este nombre, pero, en cambio, no poseemos la virtud que este nombre exige. Así contemplamos plácidamente cómo los que están bajo nuestros cuidados abandonan a Dios, y nosotros no decimos nada».[5] Este es el llamamiento que todos los años hace la liturgia a nuestra conciencia, exhortándonos al sentido de responsabilidad para con la Iglesia.

«CONOZCO A MIS OVEJAS»

El buen pastor conoce a sus ovejas y las ovejas le conocen a él (Jn 10, 14). Una tarea del obispo es actuar con tacto para que lo conozcan directamente el mayor número de personas que forman con él la Iglesia particular. Él, a su vez, ha de intentar acercarse a ellos para saber cómo viven, cuáles son sus alegrías o lo que turba sus corazones. Lo importante para el conocimiento recíproco no son tanto los encuentros ocasionales, cuanto un auténtico interés por lo que sucede dentro de los corazones humanos, independientemente de la edad, el estado social o la nacionalidad de cada uno. Es un interés que abarca a los cercanos y a los alejados.[6] Es difícil formular una teoría general sobre el modo de tratar a las personas. Sin embargo para mí ha sido de gran ayuda el personalismo, en el que he profundizado en mis estudios filosóficos. Cada hombre es una persona individual, y por eso yo no puedo programar a priori un tipo de relación que valga para todos, sino que cada vez, por así decir, debo volver a descubrirlo desde el principio. Lo expresa con acierto la poesía de Jerzy Liebert:

Te estoy aprendiendo, hombre,
te aprendo despacio, despacio.
De este difícil estudio
goza y sufre el corazón.[7]

Para un obispo es muy importante relacionarse con las personas y aprender a tratarlas adecuadamente. Por lo que a mí respecta, es significativo que nunca haya tenido la impresión de que el número de encuentros fuese excesivo. De todos modos, mi preocupación constante ha sido la de cuidar en cada caso el carácter personal del encuentro. Cada uno es un capítulo aparte. Me he movido siempre según esta convicción. Pero me doy cuenta de que este método no se puede aprender. Es algo que simplemente está ahí, porque sale de dentro.

El interés por el otro comienza en la oración del obispo, en su coloquio con Cristo, que le confía «a los suyos». La oración le prepara a estos encuentros con los otros. En ellos, si se tiene una actitud abierta, es posible lograr un conocimiento y comprensión recíprocos aun cuando haya poco tiempo. Lo que yo hago es, simplemente, rezar por todos día tras día. Cuando encuentro una persona, ya rezo por ella, y eso siempre facilita la relación. Me es difícil decir cómo lo perciben las personas, habría que preguntárselo a ellas. Tengo como principio acoger a cada uno como una persona que el Señor me envía y, al mismo tiempo, me confía.

No me gusta la expresión «masa», que suena como algo demasiado anónimo; prefiero el término «multitud» (en griego *plēthos*: Mc 3, 7; Lc 6, 17; Hch 2, 6; 14, 1, etc.). Cuando Jesús recorría los caminos de Palestina lo seguían con frecuencia grandes «multitudes»; otro tanto les ocurría a los Apóstoles. Naturalmente, el oficio que desempeño me lleva a encontrarme con mucha gente, a veces con verdaderas multitudes. Así sucedió, por ejemplo, en Manila, donde había millones de jóvenes. Ni siquiera en ese caso sería justo hablar de masa anónima. Se trataba de una comunidad animada por un ideal común. Fue por tanto fácil establecer contacto. Y esto es lo que sucede un poco en todas partes.

En Manila tenía presente a toda Asia. ¡Cuántos cristianos! ¡Y cuántos millones de personas que en aquel continente no conocen aún a Cristo! Tengo una gran esperanza en el dinamismo de Iglesia en Filipinas y Corea. ¡Asia: esta es nuestra tarea común para el tercer milenio!

LA ADMINISTRACIÓN DE LOS SACRAMENTOS

Los sacramentos son el tesoro más valioso, la mayor riqueza de que dispone un obispo. Los sacerdotes ordenados por él le ayudan a administrarlos. Este tesoro ha sido depositado por Cristo en las manos de los Apóstoles y de sus sucesores en virtud de su «testamento», tomando este término tanto en el más profundo sentido teológico como en su acepción simplemente humana. «Sabiendo Jesús que había llegado la hora de pasar de este mundo al Padre» (Jn 13, 1), «repartió su cuerpo, lo entregó a los doce para su alimento» (himno *Pange lingua*), encomendándoles repetir el rito de la Cena «en memoria suya»: partir el pan y ofrecer el cáliz del vino, signos sacramentales de su Cuerpo entregado y de su Sangre derramada. Más tarde, después su muerte y resurrección, les confió el ministerio de la remisión de los pecados y la administración de los otros sacramentos, comenzando por el bautismo. Los Apóstoles transmitieron este tesoro a sus sucesores. Además del anuncio de la palabra, pues, la administración de los sacramentos es la primera tarea de los obispos, a la que deben subordinar todas las demás obligaciones. En la vida y en el quehacer del obispo todo debe servir a este fin.

Sabemos que para ello necesitamos ayuda: «Ahora, Señor, te pedimos nos concedas, como ayuda a nuestra limitación, estos colaboradores que necesitamos para ejercer el sacerdocio apostólico».[8] Esta es la razón por la que elegimos y preparamos candidatos idóneos y los ordenamos luego como presbíteros y diáconos. Con nosotros, ellos tienen la obligación de anunciar la Palabra y de administrar los sacramentos.

Esta es la perspectiva que debe iluminar y organizar las tareas de cada día, los compromisos que llenan nuestras agendas. Obviamente, no se trata solo de ocupar el puesto central en la asamblea eclesial, de celebrar la Eucaristía e impartir la confirmación, sino de administrar también el

Santo Bautismo a los niños y, sobre todo, a los adultos, a los cuales la comunidad de la Iglesia prepara para ser discípulos de Cristo. Tampoco minusvaloro la celebración personal del sacramento de la penitencia ni las visitas a los enfermos, incluida la administración del sacramento instituido ex profeso para ellos: la unción de enfermos. Entre las tareas del obispo se encuentra también el velar por la santidad del matrimonio, que debe ejercer tanto a través de la acción de los párrocos como interviniendo personalmente, cuando sea posible, en la bendición nupcial. Naturalmente, los sacerdotes asumen la mayor parte de estas funciones como colaboradores del obispo. Sin embargo, el compromiso personal del pastor diocesano en la celebración de los sacramentos es un buen ejemplo para el Pueblo de Dios, tanto para los laicos como para los presbíteros. Para todos, este es el signo más visible de su vinculación con Cristo, presente y operante en todos los misterios sacramentales. Cristo mismo desea que seamos instrumentos en la obra de salvación que Él realiza a través de los sacramentos de la Iglesia. Ante los ojos del alma, en estos signos eficaces de la gracia está el rostro de Cristo, Salvador misericordioso y Buen Pastor. Un obispo que administra personalmente los sacramentos se muestra de modo evidente ante todos como signo de Cristo, siempre vivo y operante en su Iglesia.

Las visitas pastorales

Como ya he recordado, iba regularmente a trabajar a la Curia, pero prefería las visitas pastorales. Me gustaban mucho porque me daban la posibilidad de entrar en contacto directo con las personas. Sentía entonces más vivamente que las estaba «formando». Venían a verme sacerdotes y laicos, familias, jóvenes y viejos, sanos y enfermos, venían los padres con sus niños y sus problemas; venían todos con algo distinto. Era la vida.

Me acuerdo muy bien de la primera visita pastoral a Mucharz, junto a Wadowice. Había allí un anciano párroco, un valioso sacerdote, un prelado. Se llamaba Józef Motyka. Sabía que era mi primera visita pastoral y estaba conmovido. Pensé que para él quizá podía ser la última. Se sentía en el deber de hacerme de guía. La visita comprendía todo el arciprestazgo y duró dos meses, mayo y junio. Después de las vacaciones, visité mi prefectura de origen, la de Wadowice.

Las visitas pastorales tenían lugar en primavera y en otoño. No tuve tiempo de visitar todas las parroquias, que eran más de trescientas. Aunque haya sido durante veinte años obispo de Cracovia, no llegué a completar mi visita pastoral. Recuerdo que la última parroquia de la archidiócesis de Cracovia que visité fue la de San José en Zlote Lany, un nuevo barrio residencial de Bielsko-Biala. En aquella ciudad, don Józef Sanak era el párroco de la parroquia de la

Divina Providencia, en la que pasé la noche. De vuelta de aquella visita pastoral, celebré la Santa Misa por el difunto papa Juan Pablo I y me trasladé a Varsovia para tomar parte en los trabajos de la Conferencia Episcopal, y luego partí para Roma... sin saber que tendría que quedarme.

Mis visitas pastorales duraban bastante: quizá también por eso no me dio tiempo a visitar todas las parroquias. Había elaborado mi propio modelo para llevar a cabo aquella tarea pastoral; existía uno tradicional y con él comencé en Mucharz, como ya he mencionado. El anciano prelado que encontré allí fue para mí un valioso guía. En lo sucesivo, sin embargo, basándome en la experiencia que iba adquiriendo, consideré útil aportar innovaciones. No me satisfacía el planteamiento más bien jurídico que la visita tenía anteriormente; quería introducir más contenido pastoral.

Me tracé un esquema. La visita comenzaba siempre con la ceremonia de bienvenida, en la que participaban varias personas y diversos grupos: adultos, niños y jóvenes. Acto seguido era acompañado a la iglesia, donde daba una plática con la intención de establecer un primer contacto con la gente. Al día siguiente iba sobre todo al confesonario, al que dedicaba una o dos horas, según las circunstancias, recibiendo a los penitentes.

Seguía luego la Santa Misa y las visitas a las casas, en primer lugar a los enfermos, pero no solamente a ellos. Desgraciadamente, los comunistas no permitían el acceso a los hospitales; se llevaba a los enfermos a la iglesia expresamente para poder estar con ellos. De este aspecto de la visita se ocupaba en la diócesis la sierva de Dios Hanna Chrzanowska. He tenido siempre una convicción muy clara de la aportación fundamental que dan los que sufren a la vida de la Iglesia. Recuerdo que, durante los primeros contactos, los enfermos me amedrentaban. Hacía falta bastante coraje para presentarse ante los que sufrían y entrar, en cierto modo, en su dolor físico y espiritual, sin dejarse condicionar por la propia conmoción y conseguir mostrarles al menos un poquito de compasión amorosa. El sentido profundo del misterio del sufrimiento humano se me desveló más tarde. En la debilidad de los enfermos vi surgir cada vez con más claridad la fuerza, la fuerza de la misericordia. En cierto sentido ellos la «provocan». Mediante su oración y su ofrecimiento no solamente la imploran, sino que ellos mismos son el «espacio de la misericordia» o, mejor, «abren el horizonte» a la compasión. Con su enfermedad y con su sufrimiento inducen a las obras de misericordia y crean oportunidades para ponerlas en práctica. Yo tenía la costumbre de confiar a los enfermos los problemas de la Iglesia, y el resultado era siempre muy positivo. Durante las visitas pastorales administraba también los sacramentos: confirmaba a los jóvenes y bendecía los matrimonios.

Luego, por separado, me reunía con diversos grupos: con los maestros, con quienes trabajaban en la parroquia, con los jóvenes. Había también un encuentro en la iglesia con todos los matrimonios; acto seguido, la Santa Misa, para concluir con una bendición especial a cada pareja por separado. Durante esta reunión dirigía también una homilía específica para los matrimonios. Sentía siempre una emoción especial al encontrarme con familias numerosas y con madres que esperaban el nacimiento de un hijo. Deseaba expresar mi aprecio por la maternidad y la paternidad. He cultivado desde el comienzo de mi sacerdocio una dedicación pastoral a los matrimonios y las familias. Como capellán universitario organizaba habitualmente cursos prematrimoniales y, más tarde, como obispo promoví la pastoral de las familias. De aquellas experiencias, de aquellas reuniones con novios, matrimonios y familias nació el drama poético *El taller del orfebre* y el libro *Amor y responsabilidad*, y más recientemente, también la *Carta a las familias*.[9]

Había también reuniones aparte con los sacerdotes. Quería dar ocasión a cada uno de poderse desahogar, compartiendo las alegrías y las preocupaciones de su ministerio. Para mí, aquellas reuniones fueron ocasiones preciosas para recibir los verdaderos tesoros de sabiduría acumulados por ellos durante años de trabajo apostólico.

El desarrollo de la visita pastoral dependía de las condiciones de cada parroquia. Había situaciones muy diferentes. La visita a la comunidad parroquial de la basílica de la Asunción en Cracovia, por ejemplo, duró dos meses: abarcaba numerosas iglesias y oratorios. Muy distinto fue el caso de Nowa Huta: allí no había iglesia, a pesar de contar con decenas de miles de habitantes. Existía solamente una pequeña capilla aneja a la vieja escuela. Hay que tener presente que eran los tiempos del postestalinismo y continuaba la lucha contra la religión. En una «ciudad socialista», como tenía que ser Nowa Huta, el gobierno no permitía la construcción de nuevas iglesias.

LA LUCHA POR LA IGLESIA

Precisamente en Cracovia-Nowa Huta se produjo un áspero conflicto por la construcción de la iglesia. Aquel barrio de muchos miles de residentes estaba habitado en su mayor parte por trabajadores de una gran industria metalúrgica que habían venido de toda Polonia. Según el proyecto de las autoridades, Nowa Huta tenía que ser un barrio «socialista» ejemplar, es decir, sin relación alguna con la Iglesia. Sin embargo, no se podía olvidar que la gente, que había venido en busca de trabajo, no estaba dispuesta a renunciar a sus raíces católicas.

El conflicto comenzó en un gran barrio residencial, en Bieńczyce. Inicialmente, después de las primeras solicitudes, las autoridades comunistas concedieron permiso para construir la iglesia y asignaron también el terreno. La gente puso inmediatamente en él una cruz. Sin embargo, el permiso acordado en tiempos del arzobispo Baziak fue retirado y las autoridades decidieron que se quitara la cruz. La gente se opuso decididamente. Siguió incluso un enfrentamiento con la policía, con víctimas y heridos. El alcalde de la ciudad pedía que se «calmara a la gente». Este fue uno de los primeros episodios de una larga batalla por la libertad y la dignidad de aquella población, que el destino había llevado a la parte nueva de Cracovia.

Al final se ganó esta batalla, pero al precio de una agotadora «guerra de nervios». Yo llevé las conversaciones con las autoridades, principalmente con el jefe de la Oficina Provincial para las Cuestiones de las Confesiones. Era un hombre de un comportamiento comedido durante las conversaciones, pero muy duro e intransigente en las decisiones que tomaba después y que denotaban un ánimo desconfiado y malévolo.

El párroco, don Józef Gorzelany, asumió la tarea de la construcción de la iglesia y consiguió terminarla. Una inteligente ocurrencia pastoral fue invitar a los parroquianos a que cada uno llevara una piedra para la construcción de los cimientos y de los muros. De este modo, todos se sintieron involucrados personalmente en la edificación del nuevo templo.

Vivimos una situación semejante en el centro pastoral de Mistrzejowice. Protagonista de aquel caso fue el heroico sacerdote don Józef Kurzeja, que vino a verme y se ofreció espontáneamente para ejercer su ministerio en aquel barrio. Había allí un pequeño pabellón en el que se propuso iniciar la catequesis, con la esperanza de poder ir creando poco a poco una nueva parroquia. Así sucedió, pero don

Józef pagó con su vida las luchas por la iglesia de Mistrzejowice. Maltratado por las autoridades comunistas, sufrió
un infarto y murió a los treinta y nueve años.

En la lucha por la iglesia de Mistrzejowice le ayudó
don Mikołaj Kuczkowski. Provenía de Wadowice, como yo.
Lo recuerdo en aquellos tiempos, cuando aún era un abo-
gado y tenía una novia, una bonita muchacha, Nastka, pre-
sidenta de la Asociación Católica de Jóvenes. Cuando ella
murió, él decidió hacerse sacerdote. En 1939 entró en el
seminario e inició los estudios filosóficos y teológicos. Los
completó en el año 1945. Mantenía estrechos contactos con
él y también él me apreciaba mucho. Su intención era «hacer de mí alguien», como se suele decir. Después de la
consagración episcopal se ocupó personalmente de mi traslado al Palacio de los Obispos de Cracovia, en la calle Franciszkańska, 3. Pude constatar en numerosas ocasiones
cuánto quería a don Józef Kurzeja, el primer párroco de
Mistrzejowice. Por lo que se refiere a don Józef mismo,
puedo decir que era un hombre sencillo y bueno (una de
sus hermanas es hermana de las Siervas del Sagrado Corazón). Como he dicho, don Kuczkowski le ayudó mucho en
su actividad pastoral y cuando don Józef murió, él dimitió
de su cargo de canciller de la Curia para sucederle en la
parroquia de Mistrzejowice. Ambos están enterrados ya en
la cripta de la iglesia que construyeron.

Podría contar muchas cosas de ellos. Los recuerdo
como un ejemplo elocuente de fraternidad sacerdotal de la

que he sido testigo como obispo y he alentado con admiración: «Al amigo fiel tenlo por amigo; el que lo encuentra, encuentra un tesoro» (Si 6, 14). La amistad auténtica tiene su fuente en Cristo: «Os he llamado amigos» (Jn 15, 15).

El obispo Ignacy Tokarczuk, pastor de la vecina diócesis de Przemyśel, promovió con eficiencia el asunto de la construcción de las iglesias en la República Popular de Polonia. Las construía desafiando la ley, a costa de muchos sacrificios y de tantas afrentas por parte de las autoridades comunistas locales. Sin embargo, la situación en su caso tenía una cierta ventaja, porque las comunidades de su diócesis estaban formadas en su mayoría por núcleos rurales y ese era un ambiente menos difícil; la población del campo, además de ser más sensible a la dimensión religiosa, está menos sujeta que en la ciudad al control de la policía.

Con gratitud y admiración pienso en los párrocos que construyeron iglesias en aquellos tiempos. Mi admiración se extiende también a todos los constructores de iglesias en cualquier parte del mundo. He intentado apoyarles siempre. Una muestra de ese apoyo en Nowa Huta fueron las misas de la medianoche de Navidad, celebradas a la intemperie a pesar del hielo. Ya antes las había celebrado en Bieńczyce y más tarde también en Mistrzejowice, así como en las colinas de Krzeslawice. Esto era un argumento más para las conversaciones con las autoridades, al poder hacer hincapié en el derecho de los fieles a tener unas condiciones humanas adecuadas en las manifestaciones públicas de su fe.

He hecho referencia a todo esto porque nuestras experiencias de entonces muestran lo variadas que pueden ser las tareas pastorales de un obispo. En aquellos sucesos se oye el eco de lo que vive un pastor en contacto con el rebaño que se le ha confiado. He podido constatar personalmente qué verdad tan grande es lo que dice el Evangelio sobre las ovejas que siguen a su pastor: «A un extraño no le seguirán, sino que huirán de él porque no conocen su voz [...]. Tengo también otras ovejas que no son de este redil; también a esas las tengo que traer» (Jn 10, 4-5, 16).

TERCERA PARTE

COMPROMISO CIENTÍFICO Y PASTORAL

… rebosáis de buena voluntad y os sobra sabiduría.

(Rm 15, 14)

LA FACULTAD DE TEOLOGÍA EN EL CONTEXTO
DE LAS OTRAS FACULTADES UNIVERSITARIAS

Como obispo de Cracovia me sentí obligado a defender a la facultad de Teología instituida en la Universidad Jagellónica. Consideraba que era mi deber. Las autoridades del Estado sostenían que esa facultad ya había sido transferida a Varsovia. El pretexto en que se apoyaban era la institución en Varsovia, en 1953, de la Academia de Teología Católica, bajo administración estatal. Se ganó aquella contienda gracias a que, más tarde, nació en Cracovia la autónoma facultad Pontificia de Teología y después la Academia Pontificia de Teología.

En aquel litigio me alentaba la convicción de que la ciencia, en sus múltiples manifestaciones, es un inestimable patrimonio para una nación. Como es obvio, en las conversaciones con las autoridades comunistas defendía sobre todo la teología, porque era la disciplina que más peligraba. Pero nunca olvidé las otras ramas del saber, aunque en apariencia no tuvieran relación con la teología.

Tenía contactos con los otros campos de la ciencia a través principalmente de los físicos. Nos reuníamos con frecuencia y hablábamos de los descubrimientos más recientes en cosmología. Era una tarea fascinante, que confirmaba la afirmación de san Pablo según la cual se puede alcanzar un cierto conocimiento de Dios a través del conocimiento del mundo creado (Rm 1, 20-23). Aquellas reuniones de Cracovia tienen hoy su continuación en Roma y en Castelgandolfo. Su organizador es el profesor Jerzy Janik.

He tenido la preocupación de promover una pastoral apropiada para los hombres de ciencia. Su capellán en Cracovia durante un cierto tiempo fue el profesor don Stanisław Nagy, que recientemente he elevado a la dignidad de cardenal, queriendo expresar así también un reconocimiento a la ciencia polaca.

El obispo y el mundo de la cultura

Es sabido que no todos los obispos se muestran especialmente interesados en el diálogo con los intelectuales. Muchos anteponen las tareas pastorales, en el más amplio sentido de la palabra, al contacto con los hombres de ciencia. A mi juicio, sin embargo, vale la pena que los miembros del clero, sacerdotes y obispos, tengan una relación personal con el mundo de la ciencia y con sus protagonistas. En concreto, el obispo debería ocuparse de sus ateneos católicos. Y no solamente eso. Debería también mantener un estrecho contacto con toda la vida universitaria: leer, reunirse, discutir, informarse sobre todo lo que sucede en ese ámbito. Es obvio que un obispo, como tal, no está llamado a ser un científico, sino un pastor. No obstante, como pastor, no puede desinteresarse de esta componente de su grey y tiene la responsabilidad de recordar a los intelectuales el deber de servir a la verdad y de promover así el bien común.

En Cracovia procuré mantener contacto también con los filósofos: Roman Ingarden, Władysław Stróżewski, Andrzej Półtawski, así como con sacerdotes filósofos: Kazimierz Kłósak, Józef Tischner y Józef Życiński. Mi postura filosófica personal se mueve, por así decir, entre dos polos: el tomismo aristotélico y la fenomenología. Me interesaba de modo particular Edith Stein, una figura extraordinaria también por su itinerario existencial: hebrea nacida en Wrocław, encontró a Cristo, se bautizó, entró en el convento de las Carmelitas y vivió un cierto tiempo en Holanda, de donde los nazis la deportaron a Auschwitz. Allí sufrió la muerte en la cámara de gas y su cuerpo fue incinerado en el crematorio. Había estudiado con Husserl y había sido colega de nuestro filósofo Ingarden. He tenido la alegría de beatificarla en Colonia y de canonizarla más

tarde en Roma. He proclamado a Edith Stein, sor Teresa
Benedicta de la Cruz, copatrona de Europa, junto con santa
Brígida de Suecia y santa Catalina de Siena. Tres mujeres
junto a tres patronos: Cirilo, Metodio y Benito.

Me interesaba su filosofía, leía sus escritos, en particular *Endliches und Ewiges Sein*, pero me fascinaba sobre todo
su vida extraordinaria y su destino trágico, compartido con
el de millones de otras víctimas inermes de nuestra época.
Una discípula de Edmund Husserl, una buscadora apasionada de la verdad, una monja de clausura, una víctima del
sistema hitleriano: verdaderamente, más que «un caso humano» raro, es un caso único.

Los libros y el estudio

Son muchas las obligaciones que recaen sobre los hombros
de un obispo. Lo sé por experiencia propia y me he dado
cuenta de que verdaderamente puede haber falta de tiempo. Sin embargo, la misma experiencia me ha enseñado
también cuánto le hace falta a un obispo el recogimiento y
el estudio. El obispo necesita una formación teológica profunda, actualizada constantemente, así como tener un interés cada vez más amplio por todo lo que se refiere al pensamiento y a la palabra. Estos son tesoros que comparten
entre sí los pensadores. Y por eso quisiera decir aquí algo
sobre el papel de la lectura en mi vida de obispo.

Siempre he tenido un dilema: ¿Qué leo? Intentaba escoger lo más esencial. ¡La producción editorial es tan amplia! No todo es valioso y útil. Hay que saber elegir y pedir consejo sobre lo que se ha de leer.

Desde que era niño me gustaban los libros. Mi padre me había habituado a la lectura. Con frecuencia se sentaba a mi lado y me leía, por ejemplo, Sienkiewicz u otros escritores polacos. Cuando murió mi madre, quedamos solo los dos: él y yo. Y él no cesaba de animarme a conocer literatura de valor. Tampoco obstaculizó nunca mi interés por el teatro. Si no hubiese estallado la guerra y no hubiese cambiado radicalmente la situación, tal vez me hubieran absorbido completamente las perspectivas que me abrían los estudios académicos de letras. Cuando informé a Mieczysław Kotlarczyk de mi decisión de ser sacerdote, me dijo: «¿Pero qué vas a hacer? ¿Quieres desperdiciar el talento que tienes?». Solo el arzobispo Sapieha no tuvo dudas.

Cuando aún era estudiante de letras leí a varios autores. Primero me dediqué a la literatura, especialmente a la dramática. Leía a Shakespeare, Molière, los poetas polacos Norwid y Wyspiański. Obviamente a Aleksander Fredro. Me apasionaba ser actor, subir al escenario. Muchas veces me quedaba pensando en los papeles que hubiera querido representar.

Con frecuencia, mientras vivió Kotlarczyk, nos repartíamos imaginativamente diversos papeles: quién hubiera podido representar mejor un determinado personaje. Co-

sas pasadas. Alguno me ha dicho más tarde: «Tienes condiciones…; hubieras sido un gran actor si te hubieras quedado en el teatro».

La liturgia es también una especie de *mysterium* repre-
sentado, puesto en escena. Recuerdo la gran impresión que
tuve cuando don Figlewicz me invitó, siendo aún un muchacho de quince años, al *Triduum Sacrum* que tenía lugar
en la catedral del Wawel y tomé parte en el Oficio de las
Lecturas, anticipado a la tarde del miércoles. Para mí fue
una conmoción espiritual. Hasta hoy, el triduo pascual ha
sido para mí una experiencia desconcertante.

Llegó el momento de la lectura de la filosofía y la teología. Como seminarista clandestino, recibí el manual de
metafísica del profesor Kazimierz Wais, de Lvov, y don
Kazimierz Kłósak me dijo: «Estúdialo. Cuando lo sepas, te
examinas». Durante algunos meses me sumí en aquel texto. Me presenté al examen y lo superé. Esto supuso una
transformación en mi vida. Se abrió ante mí un mundo
nuevo. Comencé a afianzarme con los libros de teología.
Más tarde, en Roma, durante los estudios, me dediqué a
profundizar la *Summa Theologiae* de santo Tomás.

Hubo, pues, dos etapas en mi itinerario intelectual: la
primera consistió en el tránsito del modo de pensar litera-
rio a la metafísica; la segunda me llevó de la metafísica a la
fenomenología. Este fue mi taller de trabajo científico. La
primera etapa coincidió, al menos inicialmente, con el período de ocupación nazi, cuando trabajaba en la fábrica

Solvay y a escondidas estudiaba teología en el seminario. Recuerdo que, cuando me presenté al rector, don Jan Piwowarczyk, este me dijo: «Le acepto, pero ni siquiera su madre debe saber que estudia usted aquí». Así era entonces la situación. Conseguí igualmente seguir adelante. Más tarde me ayudó mucho don Ignacy Różycki, que me ofreció alojamiento en su casa y me proporcionó las bases para el trabajo científico.

Mucho más tarde el profesor don Różycki me propuso el tema de la tesis universitaria sobre la obra de Max Scheler *Der Formalismus in der Ethik und materiale Wertethik*. Mientras escribía la tesis traduje el libro al polaco. Fue una nueva etapa. Terminé la tesis y la defendí en noviembre de 1953. Los miembros del tribunal eran don Aleksander Usowicz, Stefan Świeżawski y el teólogo don Władysław Wicher. Fue la última habilitación para la cátedra de libre docencia en la facultad de Teología de la Universidad Jagellónica, antes de ser suprimida por los comunistas. La facultad, como he recordado antes, fue trasladada a la Academia de Teología Católica en Varsovia, y yo, desde el otoño de 1954, inicié la enseñanza en la Universidad Católica de Lublin, actividad que me fue posible realizar gracias al profesor Świeżawski, con el que entablé una amistad que dura hasta hoy.

Al profesor don Różycki lo llamaba Ignac. Le apreciaba mucho y él me correspondía con igual amistad. Me animó a presentarme al examen de habilitación para la cáte-

dra universitaria y realizó una función análoga a la del re-
lator. Durante algunos años vivimos juntos, comimos juntos. Cocinaba para nosotros la señora Maria Gromek. Tenía allí una habitación que recuerdo perfectamente. Estaba
en el Palacio de los Canónigos del Wawel, situado en la
calle Kanoniczna 19, y fue mi «casa» durante seis años.
Luego me alojé en el número 21 y, finalmente, gracias al
canciller don Mikołaj Kuczkowski, me trasladé al Palacio
Episcopal en la calle Franciszkańska, 3.

En la lectura y el estudio he intentado unir siempre de
manera armónica las cuestiones de fe, del pensamiento y
del corazón. No son campos separados. Cada uno de ellos
se adentra y anima los otros. En esa compenetración entre
la fe, el pensamiento y el corazón, ejerce un influjo particular el asombro ante el milagro de la persona: ante la semejanza del hombre con Dios, Uno y Trino, y la profunda
relación entre el amor y la verdad, el misterio del don recíproco y de la vida que nace de él, la contemplación del
sucederse de las generaciones humanas.

LOS NIÑOS Y LOS JÓVENES

En esta reflexión es necesario dedicar atención a los niños
y a los jóvenes. Además de los encuentros con ellos durante
las visitas pastorales, había también otros. He prestado
siempre una gran atención al mundo estudiantil en par-

ticular. Tengo muy bellos recuerdos del campo de la pastoral universitaria, ámbito hacia el que me orientaba el carácter mismo de la ciudad de Cracovia, tradicionalmente centro vivo de estudios académicos. Las ocasiones de encuentro eran de lo más diverso: desde conferencias y debates a retiros y ejercicios espirituales. Obviamente mantenía estrechos contactos con los sacerdotes encargados de la pastoral en este sector.

Los comunistas habían suprimido todas las asociaciones católicas para la juventud. Hacía falta, pues, encontrar el modo de superar aquella pérdida. Y aquí entró en escena don Franciszek Blachnicki, hoy siervo de Dios. Él fue el iniciador del llamado «Movimiento de los oasis». Me relacioné mucho con aquel movimiento, al que procuré ayudar de diversos modos. Defendí los «oasis» contra las autoridades comunistas. Los sostuve materialmente y también tomé parte en sus reuniones. Cuando llegaban las vacaciones me trasladaba a menudo a los «oasis», es decir, a los campos de verano para los jóvenes pertenecientes a ese movimiento. Predicaba, hablaba con ellos, me unía a sus cantos junto al fuego, participaba en sus excursiones de montaña. Con cierta frecuencia celebraba la Santa Misa para ellos al aire libre. Todo eso constituía la realización de un programa pastoral bastante intenso.

Durante la peregrinación de 2002 a mi Cracovia, los miembros de los oasis cantaron:

Tú has venido a la orilla;
no has buscado ni a sabios ni a ricos,
tan solo quieres que yo te siga.
Señor, me has mirado a los ojos,
sonriendo has dicho mi nombre;
en la arena he dejado mi barca,
junto a ti surcaré otro mar.

Les dije que, en cierto sentido, aquel canto de los oasis me había llevado fuera de la patria, a Roma. Su mensaje profundo me había sostenido también cuando me encontré ante la decisión tomada en el Cónclave. Después, a lo largo de todo el pontificado, nunca me he separado de este canto. Por otra parte, me lo recordaban continuamente, tanto en Polonia como en otros países del mundo. Escuchar eso me hacía pensar siempre en mis encuentros como obispo con los jóvenes. Valoro muy positivamente esta gran experiencia. La he traído conmigo a Roma. También aquí he procurado sacar fruto multiplicando las ocasiones de reunirme con los jóvenes. Las Jornadas Mundiales de la Juventud, en cierto sentido, han nacido de esta experiencia.

En mi camino de obispo me encontré con un segundo movimiento juvenil: el *Sacrosong*. Era una especie de festival de música y canto religioso, acompañado de oración y reflexión. Los encuentros se desarrollaban en varias localidades de Polonia y atraían a muchos jóvenes. Yo participé muchas veces y les ayudé en su organización también desde el punto de vista económico. Tengo un buen recuerdo de aquellos encuentros. Siempre me ha gustado cantar. A decir verdad, cantaba cada vez que las circunstancias me lo permitían. Pero ha sido sobre todo con los jóvenes con los que siempre he cantado a gusto. Los textos eran diversos, dependía de las circunstancias: junto al fuego eran cantos populares, los de los scouts; con ocasión de las fiestas nacionales, del aniversario del comienzo de la guerra o de la insurrección de Varsovia, se cantaban cantos militares y patrióticos. Entre estos, me gustaban de modo especial «Las amapolas rojas sobre Monte Cassino», «La primera brigada» y, en general, los cantos de insurrección y de los partisanos.

El ritmo del año litúrgico, según su propio criterio, orienta la elección de los cantos. Por Navidad, en Polonia se cantan siempre muchos villancicos, mientras que antes de Pascua la liturgia nos sugiere canciones sobre la Pasión. Estos cantos antiguos encierran toda la teología cristiana. Son el tesoro de la tradición viva, que habla al corazón de cada generación y forma en la fe. En los meses de mayo y en octubre, además de los cantos marianos, en Polonia cantamos las letanías y las horas del *Pequeño Oficio de la Santísima Virgen María*. No es posible hacer una lista completa. ¡Cuánta riqueza de poesía hay en estos cantos populares utilizados hasta hoy! Como obispo procuré cultivar estas costumbres y los jóvenes se mostraban especialmente deseosos de continuar la tradición. Creo que, al mismo tiempo, sacaban provecho de aquel tesoro de fe sencilla y profunda, que nuestros antepasados plasmaron en los cantos.

El 18 de mayo del año 2003 canonicé a la madre Urszula, gran figura educadora. Nació en Austria, pero a finales del siglo XIX toda su familia se trasladó a Lipnica Murowana, en la diócesis de Tornów. También durante algunos años vivió en Cracovia. Su hermana María Teresa, llamada Madre de África, ha sido beatificada. Su hermano Włodzimierz fue superior general de los jesuitas. El ejemplo de estos hermanos nos muestra cómo el deseo de santidad se desarrolla mucho mejor cuando encuentra a su alrededor el clima favorable de una buena familia. ¡Qué importante es el ambiente familiar! Los santos generan y forman santos.

Cuando recuerdo a educadores de este género, pienso instintivamente en los niños. En las visitas pastorales, también en las que realizo aquí en Roma, siempre he procurado y procuro encontrar tiempo para reunirme con los niños. Nunca he cesado de exhortar a los sacerdotes a que les dediquen con generosidad su tiempo en el confesonario. Es particularmente importante formar bien la conciencia de los niños y de los jóvenes. Recientemente he hablado del deber de recibir dignamente la Sagrada Comunión (*Ecclesia de Eucharistia*, 37); esta disposición comienza a formarse ya desde la confesión que precede a la Primera Comunión. Es probable que cada uno de nosotros recuerde con emoción su primera confesión de niño.

Un testimonio conmovedor de amor pastoral por los niños lo dio mi predecesor san Pío X con su decisión sobre la Primera Comunión. No solamente redujo la edad necesaria para acercarse a la Mesa del Señor, de lo que yo mismo me aproveché en mayo de 1929, sino que dio la posibilidad de recibir la comunión incluso antes de haber cumplido los siete años si el niño muestra tener suficiente discernimiento. La Sagrada Comunión anticipada fue una decisión pastoral que merece ser recordada y alabada. Ha producido muchos frutos de santidad y de apostolado entre los niños, favoreciendo que surgieran vocaciones sacerdotales.

He estado siempre convencido de que sin la oración no conseguiremos educar bien a los niños. Como obispo he procurado animar a las familias y a las comunidades parroquiales a que susciten en los niños el deseo de encontrar a Dios en la oración personal. En ese espíritu he escrito recientemente: «Rezar el Rosario *por los hijos*, y mejor aún, *con los hijos* [...], es una ayuda espiritual que no se debe minimizar» (*Rosarium Virginis Mariae*, 42).

Obviamente, la pastoral de los niños debe continuar en la adolescencia. La confesión frecuente y la dirección espiritual ayudan a los jóvenes a discernir su vocación y evitan que se pierdan cuando entran en la vida adulta. Recuerdo que en noviembre de 1964, durante una audiencia privada,

el papa Pablo VI me dijo: «Querido hermano, hoy debemos
ser muy solícitos con la juventud que estudia. La principal
tarea de nuestra pastoral episcopal son los presbíteros, los
trabajadores y los estudiantes». Me parece que esas palabras
se las dictaba su experiencia personal. Giovanni Battista
Montini, cuando estaba en la Secretaría de Estado, se ocupó durante muchos años de la pastoral universitaria como
asistente general de la Federación Universitaria Católica
Italiana (FUCI).

La catequesis

Se nos ha impartido el mandato de «ir y enseñar a todos los
pueblos» (Mt 28, 19-20). En el contexto social de hoy
podemos realizar esa tarea sobre todo mediante la catequesis. La catequesis debe nacer tanto de la meditación sobre
el Evangelio como de la comprensión de las realidades de
este mundo. Hay que comprender las experiencias de los
hombres y el lenguaje con el que se comunican entre sí.
Esta es la gran tarea de la Iglesia. En particular, es necesario que los pastores sean generosos en la siembra, aunque
luego sean otros quienes recojan el fruto de su fatiga. «Y yo
os digo esto: Levantad los ojos y contemplad los campos,
que están ya dorados para la siega; el segador está recibiendo su salario y almacenando fruto para la vida eterna: y así
se alegran lo mismo sembrador y segador. Con todo, tiene

razón el proverbio: "Uno siembra y otro siega". Yo os envié a segar lo que no habéis sudado. Otros sudaron; vosotros recibiréis el fruto de sus sudores» (Jn 4, 35-38).

Sabemos que en la catequesis no se pueden usar solo conceptos abstractos. Estos conceptos son necesarios, porque cuando hablamos de las realidades sobrenaturales no es posible evitar conceptos filosóficos. Sin embargo, para la catequesis lo primero es el hombre y el encuentro con él en los símbolos de la fe. Es siempre amor y responsabilidad, una responsabilidad que nace del amor por aquellos que uno encuentra a lo largo del camino.

El nuevo *Catecismo de la Iglesia católica*, que en 1992 me fue presentado para su aprobación, nació de la voluntad de hacer que el lenguaje de la fe fuera más accesible a los hombres de hoy. Es muy significativa la imagen del Buen Pastor que se puso como «logo» en la portada de las ediciones del *Catecismo*. Ese logotipo proviene de una lápida sepulcral cristiana del siglo III hallada en las Catacumbas de Domitila.[1] Como indica expresamente, la figura sugiere «algunos aspectos que caracterizan el presente Catecismo: Jesucristo, Buen Pastor, que guía y protege a sus fieles (las ovejas) con su autoridad (el cayado), les atrae con la sinfonía melodiosa de la verdad (la flauta) y les hace reposar a la sombra del "árbol de la vida" (su Cruz redentora que abre las puertas del Paraíso)» (comentario al «logo» en el interior del *Catecismo*). En la imagen se puede percibir la solicitud del pastor por *cada oveja*. Una solicitud llena de paciencia, toda la que haga falta para llegar al hombre *individual* del modo más apropiado para él. Una que incluye también *el don de lenguas*, el don de *hablar con un lenguaje comprensible* para nuestros fieles. Para conseguirlo podemos implorar al Espíritu Santo.

A veces el obispo llega más fácilmente a los adultos bendiciendo a sus hijos y dedicándoles un poco de tiempo. Eso vale más que un gran discurso sobre el respeto que han de tener a esas débiles criaturas. Hoy hace falta mucha imaginación para aprender a dialogar sobre la fe y sobre las cuestiones más fundamentales para el hombre. Se necesitan personas que amen y que piensen, porque la imaginación vive del amor y del pensamiento, y ella, su vez, alimenta nuestro pensamiento y enciende nuestro amor.

CARITAS

Corresponde también al pastor el deber de cuidar de los más pequeños en el sentido evangélico de la palabra. Leemos en el Libro de los Hechos y en las Cartas de san Pablo que los Apóstoles organizaban colectas para atender las necesidades de los pobres. Quiero traer aquí el ejemplo de san Nicolás, obispo de Mira, en Asia Menor, durante el siglo IV. En la devoción a este santo —cuyo episcopado pertenece a una época en que los cristianos de Oriente y de Occidente aún no estaban divididos— confluyen las dos tradiciones: la oriental y la occidental. Este santo es venerado tanto por una parte como por otra. Aunque se haya revestido de numerosas leyendas, su figura continúa ejerciendo un atractivo notable, sobre todo por su bondad. A él recurren con confianza especialmente los niños.

¡Cuántas cuestiones materiales pueden solucionarse si se empieza con una oración confiada! De niños, todos esperábamos a san Nicolás por los regalos que nos traía. Los comunistas quisieron quitarle su santidad y por eso inventaron el «Abuelo Hielo». Por desgracia, también en Occidente, Nicolás se ha popularizado últimamente en un contexto consumista. Parece como si hoy se hubiera olvidado que su bondad y generosidad fueron sobre todo la medida de su santidad. Se distingue como obispo por su atención hacia los pobres y sus necesidades. Recuerdo que, cuando era niño, tenía con él una relación personal. Naturalmente, como todo niño, esperaba los regalos que me traería el 6 de diciembre. Sin embargo, esa espera tenía también una dimensión religiosa. Como mis coetáneos, sentía veneración por este santo que, de manera desinteresada, daba regalos a la gente y manifestaba así su amorosa solicitud por ella.

En la realidad cotidiana de la Iglesia, el papel de san Nicolás, es decir, del que se preocupa de las necesidades de los más pequeños, lo desempeña la institución llamada

Cáritas. Los comunistas cerraron esta organización, cuyo protector después de la guerra había sido el cardenal Sapieha. Como sucesor suyo, yo intenté restaurarla y mantener su actividad. En esta tarea me ayudó mucho monseñor Ferdynand Machay, arcipreste de la basílica de María Asunta, en Cracovia. A través de él conocí a la ya mencionada sierva de Dios Hanna Chrzanowska, hija del gran profesor Ignacy Chrzanowski, arrestado al inicio de la guerra. Me acuerdo bien de él, aunque no haya podido conocerlo más de cerca. Gracias a la diligencia de Hanna Chrzanowska nació y se organizó la pastoral de los enfermos en la archidiócesis. Las iniciativas fueron diversas: entre ellas, los ejercicios espirituales para los enfermos, en Trzebinia. Una iniciativa que tuvo gran importancia, pues muchas personas se comprometieron en ella, incluidos numerosos jóvenes dispuestos a ayudar.

En la carta apostólica que escribí con ocasión del comienzo del nuevo milenio, recordé a todos la necesidad de cultivar un amor creativo. «Es la hora —decía— de una nueva *fantasía de la caridad*» (*Novo millennio ineunte*, 50). A este propósito, no se puede omitir a la que conocemos como una verdadera «misionera de la caridad», la Madre Teresa.

Ya en los primeros días después de mi elección a la Sede de Pedro conocí a esta pequeña gran hermana, que desde entonces vino con frecuencia a verme para contarme dónde y cuándo conseguía abrir nuevas casas, hogares de atención para los más pobres. Después de la caída del partido comunista en Albania tuve la posibilidad de visitar aquel país. También allí estaba la Madre Teresa. Albania era su patria. Me encontré varias veces más y siempre recibía de ella nuevos testimonios de su apasionada dedicación a la causa de los más pobres entre los pobres. La Madre Teresa murió en Calcuta, dejando tras de sí un emocionado recuerdo y la obra de un numeroso ejército de hijas espirituales. Ya durante su vida muchos la tenían por santa. Y como tal fue reconocida universalmente cuando murió. Doy gracias a Dios porque se me ha dado la oportunidad de beatificarla en octubre de 2003, en fechas próximas al 25.º aniversario de mi pontificado. Dije entonces: «Con el testimonio de su vida, Madre Teresa recuerda a todos que la misión evangelizadora de la Iglesia pasa a través de la caridad, alimentada con la oración y la escucha de la Palabra de Dios. Es emblemática de este estilo misionero la imagen que muestra la nueva beata mientras estrecha, con una mano, la mano de un niño, y con otra, pasa las cuentas del rosario. Contemplación y acción, evangelización y promoción humana: la Madre Teresa proclamó el Evangelio con su vida entregada totalmente a los pobres, pero, al mismo tiempo, envuelta en la oración» (19-X-2003). Este es el misterio de la evangelización a través del amor por el hombre, que brota del amor de Dios. En esto consiste esa *caritas* en la que el obispo debería inspirarse siempre en cada una de sus intervenciones.

CUARTA PARTE

LA PATERNIDAD DEL OBISPO

Doblo las rodillas ante el Padre, de quien toma nombre toda familia en el cielo y en la tierra.

(Ef 3, 14-15)

Colaboración con los laicos

Los laicos pueden realizar su vocación en el mundo y alcanzar la santidad no solamente comprometiéndose activamente a favor de los pobres y los necesitados, sino también animando con espíritu cristiano la sociedad mediante el cumplimiento de sus deberes profesionales y con el testimonio de una vida familiar ejemplar. No pienso solo en los que ocupan puestos de primer plano en la vida de la sociedad, sino en todos los que saben transformar en oración su vida cotidiana, poniendo a Cristo en el centro de su actividad. Él será quien atraiga a todos a sí, saciando su «hambre y sed de justicia» (Mt 5, 6).

¿No es esta la lección que se desprende del final de la parábola del buen samaritano (Lc 10, 34-35)? Después de los primeros cuidados de asistencia al herido, el buen samaritano se dirige al posadero. ¿Qué hubiera podido hacer sin él? De hecho, el posadero, permaneciendo en el anonimato, realizó la mayor parte del trabajo. Todos pueden actuar como él cumpliendo sus propias tareas con espíritu de servicio. Toda ocupación ofrece la oportunidad, más o menos directa, de ayudar a quien lo necesita. Naturalmente, esto es más palpable en el trabajo de un médico, un maestro, un empresario, siempre que se trate de personas que no cierran los ojos a las necesidades de los demás. Pero también un empleado, un obrero o un agricultor pueden encontrar muchos modos de servir al prójimo, aun en medio de dificultades personales, a veces incluso graves. El cumplimiento fiel de los propios deberes profesionales es practicar ya el amor por las personas y la sociedad.

El obispo está llamado no solamente a promover él mismo iniciativas sociales cristianas de este género, sino también a permitir que en su Iglesia nazcan y se desarrollen obras creadas por otras personas. Debe solo vigilar para que todo se cumpla en la caridad y en la fidelidad a Cristo, «que inició y completa nuestra fe» (Hb 12, 2). Hay que buscar a las personas, pero hay que permitir también a todo el que muestre buena voluntad que encuentre su puesto en la casa común, que es la Iglesia.

Como obispo he apoyado numerosas iniciativas de los laicos. Eran muy diversas: por ejemplo, el Oficio para la pastoral familiar, las reuniones de estudio para clérigos y estudiantes de medicina llamados «Kler-med», el Instituto para la Familia. Antes de la guerra era muy activa la Acción Católica con sus cuatro ramas: hombres, mujeres, juventud masculina y femenina; actualmente está renaciendo en

Polonia. Fui también presidente de la Comisión para el Apostolado de los Laicos en el episcopado polaco. Mantenía el periódico católico *Tygodnik Powszechny* y procuraba animar al grupo de personas que se reunía en torno a él. En aquella época era algo muy necesario. Venían a verme redactores, intelectuales, médicos, artistas... A veces entraban a escondidas, porque eran los tiempos de la dictadura comunista. Se organizaban incluso simposios: la casa estaba casi siempre ocupada, llena de vida. Y las hermanas Esclavas del Sagrado Corazón tenían que dar de comer a todos...

He estado también al lado de iniciativas nuevas, en las que sentía el soplo del Espíritu de Dios. Con el Camino Neocatecumenal me he encontrado solamente en Roma. También con el Opus Dei, que erigí en prelatura personal en 1982. Se trata de dos realidades eclesiales que despiertan en los laicos un gran deseo de vincularse a ellas. Ambas iniciativas han salido de España, país que tantas veces en la historia ha dado impulsos providenciales para la renovación espiritual. En octubre de 2002 tuve la alegría de inscribir en el Registro de los Santos a Josemaría Escrivá de Balaguer, fundador del Opus Dei, celoso sacerdote, apóstol de los laicos para tiempos nuevos.

En los años de mi ministerio en Cracovia sentí siempre la cercanía espiritual de los miembros de la Obra de María, los Focolares. Admiraba su intensa actividad apostólica orientada a que la Iglesia llegara a ser cada vez más «casa y escuela de comunión». Desde que fui llamado a la

Sede de Roma he recibido varias veces a la señorita Chiara Lubich con representantes de numerosas ramas del Movimiento de los Focolares. Otro movimiento surgido de la vitalidad de la Iglesia en Italia es Comunión y Liberación. Su promotor es monseñor Luigi Giussani. Hay en el mundo de los laicos numerosas iniciativas con las que he entrado en contacto en estos años. Pienso, por ejemplo, en el ámbito francés, en L'Arche y en Foi et Lumière de Jean Vanier. Hay todavía más, pero no es posible citarlas todas aquí. Me limito a decir que las apoyo y las tengo presentes en mi oración. Pongo en ellas grandes esperanzas y deseo que se cumpla de este modo la llamada: «Id también vosotros a mi viña» (Mt 20, 4). Pensando en ellos he escrito la exhortación *Christifideles laici*: «La llamada no se dirige solo a los pastores, a los sacerdotes, a los religiosos y religiosas, sino que se extiende a todos: también los fieles laicos son llamados personalmente por el Señor, de quien reciben una misión en favor de la Iglesia y del mundo» (n. 2).

COLABORACIÓN CON LAS ÓRDENES RELIGIOSAS

He tenido siempre buenas relaciones con las órdenes religiosas y he colaborado con ellas. En Polonia, Cracovia es la archidiócesis que cuenta quizá con la mayor concentración de órdenes religiosas, masculinas y femeninas. Muchas surgieron allí, otras han encontrado allí refugio, como por ejemplo las felicianas, llegadas de los territorios del entonces reino de Polonia. Pienso en el beato Honorat Koźmiński, que fundó numerosas congregaciones femeninas en hábito civil, fruto de su celoso trabajo en el confesonario. Desde este punto de vista, fue un genio. Bajo su guía estuvo también la beata M. Angela Truszkowska, fundadora de las felicianas, que reposa en su iglesia en Cracovia. Vale la pena subrayar el hecho de que en Cracovia las familias religiosas más numerosas son las antiguas, medievales, como los franciscanos y los dominicos, o de la época renacentista, como los jesuitas o los capuchinos. Los religiosos de estas familias tienen en general fama de buenos confesores, también entre los sacerdotes (en Cracovia los sacerdotes se confiesan gustosamente con los capuchinos). Muchas órdenes, durante la época de la desmembración de Polonia, se encontraban en la archidiócesis, porque, al no poder extenderse en el reino de Polonia, confluían en el territorio de la entonces República de Cracovia, donde se podía gozar de una relativa libertad. La mejor prueba de que mis contactos con las órdenes religiosas eran buenos está en el obispo Albin Małysiak, de la Congregación de la Misión. Antes de ser nombrado obispo era un celoso párroco de Cracovia-Nowa Wieś. Yo fui a presentar su candidatura, la suya y la de Stanisław Smoleński, y consagré a ambos.

Las órdenes religiosas nunca me han hecho la vida difícil. Con todas tuve buenas relaciones, reconociendo en ellas una gran ayuda en la misión del obispo. Pienso también en la gran reserva de energía espiritual que son las órdenes contemplativas. En Cracovia hay dos monasterios de carmelitas (en la calle Kopernika y en la calle Łobzowska), están las clarisas, las dominicas, las salesas y las benedictinas en Staniątki. Son grandes centros de oración: oración y penitencia, y también catequesis. Recuerdo haber dicho una vez a las monjas de clausura: «¡Que esta reja os una al mundo y no os separe de él! ¡Cubrid el globo terrestre con el manto de la oración!». Estoy convencido de que estas queridas hermanas, esparcidas por toda la tierra, tienen siempre la convicción de existir para el mundo y no cesan de servir a la Iglesia universal mediante su entrega, su silencio y su profunda oración.

Todos los obispos pueden encontrar en ellas un gran apoyo. Lo experimenté muchas veces cuando, encontrándome ante problemas difíciles, pedía a cada una de las órdenes contemplativas que me ayudaran con su oración. Sentía el poder de aquella intercesión y en todos los casos pude agradecer a las personas recogidas en estos cenáculos de oración el que me hubieran ayudado a resolver situaciones humanamente insolubles.

Las ursulinas tenían en Cracovia un colegio. La madre Angela Kurpisz me invitaba siempre a dar los ejercicios espirituales a las estudiantes. Visitaba con frecuencia a las ursulinas grises en Jaszczurówka (Zakopane). Todos los años disfrutaba de su hospitalidad. Se creó una tradición: en la medianoche del Año Nuevo celebraba la Santa Misa en los franciscanos de Cracovia y, por la mañana, iba a las ursulinas de Zakopane. Luego salía a esquiar. Habitualmente había nieve en ese período. Solía quedarme en su colegio hasta el 6 de enero. Ese día partía a primera hora de la tarde, para tener tiempo de celebrar la Santa Misa de las seis en la catedral de Cracovia. Luego tenía el encuentro en Wawel, durante el cual se cantaban villancicos. Me acuerdo que una vez había ido a esquiar con don Józef Rozwadowski (futuro obispo de Łódź) y nos perdimos en las cercanías del valle de Chochołowska; después tuvimos que correr «como locos», como se suele decir, para llegar a tiempo.

Iba también con frecuencia a las hermanas albertinas en Prądnik Czerwony para los días de retiro. Me encontraba muy bien allí. Visitaba también Rząska, en las cercanías de Cracovia. Conocía a las pequeñas hermanas de Charles de Foucauld; tenía amistad con ellas y colaboraba en su labor.

Pasé mucho tiempo en la abadía benedictina de Tyniec. Allí hacía mis ejercicios espirituales. Conocía bien al padre Piotr Rostworowski, con quien me confesé muchas veces. Conocía también al padre Augustyn Jankowski, biblista, que era colega mío en la enseñanza. Me envía constantemente sus nuevos libros. Iba también a Tyniec y a los padres camaldulenses en Bielany para los días de retiro. Cuando era joven sacerdote dirigí en Bielany los ejercicios espirituales para los universitarios de la parroquia de San Florián; me acuerdo que una vez bajé a la iglesia por la noche: para mi sorpresa encontré allí estudiantes en oración, y supe que querían mantener por turnos su presencia ininterrumpida durante toda la noche.

Las órdenes religiosas sirven a la Iglesia y también al obispo. Es difícil no apreciar su testimonio de fe basado en los votos de pobreza, de castidad y de obediencia, y su modo de vida inspirado en la regla dada por el fundador o por la fundadora: gracias a esta fidelidad, las diversas familias religiosas pueden conservar el carisma de los orígenes y hacerlo fructificar a lo largo de generaciones. No se puede tampoco olvidar el ejemplo de caridad fraterna que está en la base de cada comunidad religiosa. Es humano que de cuando en cuando se presente algún problema, pero siempre se encuentra una solución. Si el obispo sabe escuchar a la comunidad religiosa respetando su legítima autonomía, la comunidad, a su vez, sabrá reconocer de hecho en el obispo al responsable último de la pastoral en el territorio diocesano.

LOS PRESBÍTEROS

En la archidiócesis de Cracovia las vocaciones eran más bien numerosas y algunos años particularmente abundantes. Por ejemplo, después de octubre de 1956, las peticio-

nes para entrar en el seminario aumentaron significativa-
mente. Lo mismo sucedió durante el Milenario del Bautismo de Polonia. Quizá sea una norma el que después de
grandes acontecimientos aumenten las vocaciones. En efecto, las vocaciones nacen en el campo de la vida concreta del
Pueblo de Dios. El cardenal Sapieha decía que, para el obispo, el seminario es como la *pupilla oculi* —la pupila de sus
ojos—, e igualmente lo es el noviciado para el superior
religioso. Y se comprende: las vocaciones son el futuro de
las diócesis y de las órdenes y, en definitiva, son el futuro
de la Iglesia. Personalmente ponía una atención especial en
los seminarios. También ahora rezo cada día por el Seminario Romano y, en general, por todos los seminarios de
Roma, de toda Italia, de Polonia y del mundo entero.

Rezo especialmente por el seminario de Cracovia. De
allí salí yo y, al menos de este modo, quisiera pagar mi
deuda de gratitud. Cuando era obispo de Cracovia ponía
una especial atención en atender a las vocaciones. Al llegar
el final de junio, me informaba siempre sobre los que habían pedido ser admitidos en el seminario para el año siguiente. Después, cuando ya estaban en él, los veía uno a
uno por separado, hablaba con cada uno preguntándole por
la familia y examinando con él su vocación. Invitaba también a los clérigos a la Santa Misa por la mañana en mi
capilla, y luego a desayunar. Era una ocasión muy buena
para conocerles. Pasaba la cena de la vigilia de Navidad en
el seminario o invitaba a clérigos a cenar conmigo en la calle

Franciszkańska. Para las Fiestas no iban con sus familias y quería compensarles de algún modo por esta renuncia. Todo eso podía hacerlo cuando estaba en Cracovia. En Roma las cosas son más difíciles, porque hay muchos seminarios. Sin embargo los he visitado todos personalmente y, cuando se ha presentado la oportunidad, he invitado a sus rectores al Vaticano.

El obispo no puede descuidar el presentar a los jóvenes el ideal del sacerdocio. Un corazón joven es capaz de comprender esa «locura de amor» que se requiere para la entrega total. ¡No hay Amor más grande que el Amor, con la A mayúscula! Durante mi última peregrinación a España confesé a los jóvenes: «Fui ordenado sacerdote cuando tenía veintiséis años. Desde entonces han pasado cincuenta y seis […]. Al volver la mirada atrás y recordar esos años de mi vida, os puedo asegurar que vale la pena dedicarse a la causa de Cristo y, por amor a Él, consagrarse al servicio del hombre. ¡Merece la pena dar la vida por el Evangelio y por los hermanos!» (Madrid, 3-V-2003). Los jóvenes entendieron el mensaje e hicieron eco a mis palabras repitiéndolas a coro como un estribillo: «¡Vale la pena! ¡Vale la pena!».

La solicitud por las vocaciones se expresa también en el cuidado que se ponga al elegir adecuadamente a los candidatos al sacerdocio. El obispo confía a sus colaboradores que trabajan en el seminario como educadores muchas tareas relacionadas con esta misión, pero la mayor responsabilidad en la formación de los sacerdotes sigue siendo suya.

El obispo es quien elige definitivamente y llama en nombre de Cristo, cuando dice durante la ceremonia de la ordenación: «Con el auxilio de Dios y de Jesucristo, nuestro Salvador, elegimos a estos hermanos nuestros para el orden de los presbíteros».[1] Es una gran responsabilidad. San Pablo advierte a Timoteo: «No te precipites en imponer a nadie las manos» (1 Tm 5, 22). No se trata de una severidad exagerada, sino de simple sentido de responsabilidad ante una realidad de sumo valor que se ha dejado en nuestras manos. Las exigencias rigurosas para el sacerdocio se imponen en nombre del don y misterio de la salvación.

Quiero mencionar aquí a san Józef Sebastian Pelczar (1842-1924), obispo de la diócesis de Przemyśl, al que me correspondió canonizar el día de mi ochenta y tres cumpleaños, junto con la ya citada santa Úrsula Ledóchowska. El santo obispo Pelczar era conocido en Polonia también por sus escritos. Me complace recordar aquí su libro: *Rozmyślania o życiu kapłańskim czyli ascetyka kapłańska* (*Meditaciones sobre la vida sacerdotal. La ascesis sacerdotal*). Esta obra fue publicada en Cracovia, cuando él era todavía profesor en la Universidad Jagellónica (hace algunos meses ha salido una nueva edición). El libro es fruto de su rica vida espiritual y ha ejercido una profunda influencia en varias generaciones de sacerdotes polacos, especialmente en mis tiempos. También mi sacerdocio fue de algún modo formado por esta obra ascética.

Tarnów y la vecina Przemyśl están entre las diócesis que, a escala mundial, tienen el mayor número de vocaciones. En la diócesis de Tarnów el ordinario, el arzobispo Jerzy Ablewicz, era amigo mío. Provenía de Przemyśl, del patrimonio espiritual de san Józef Pelczar. Eran pastores muy exigentes, primero consigo mismos y después con sus sacerdotes y clérigos. Pienso que aquí está el secreto del gran número de vocaciones en aquellas diócesis. Los ideales altos y exigentes atraen a los jóvenes.

Me he tomado siempre muy en serio la unidad del presbiterio. Para favorecer el contacto con los sacerdotes, inmediatamente después del Concilio (1968), me he preocupado de instituir el Consejo Presbiteral, en el que se discutían los programas sobre la actividad de los sacerdotes dedicados a la cura de almas. Periódicamente, a lo largo del año, se organizaban en diversas partes de la archidiócesis reuniones, en las que se estudiaban las cuestiones concretas que los sacerdotes planteaban.

Con su manera de vivir el obispo muestra que «el modelo Cristo» no está superado; también en las actuales condiciones sigue siendo muy actual. Se puede decir que una diócesis refleja el modo de ser de su obispo. Sus virtudes —la castidad, la práctica de la pobreza, el espíritu de oración, la sencillez, la finura de conciencia— se graban en cierto sentido en los corazones de los sacerdotes. Éstos, a su vez, transmiten esos valores a sus fieles y así los jóvenes se sienten atraídos a responder generosamente a la llamada de Cristo.

Al hablar de este tema no se puede olvidar a los que han abandonado el sacerdocio. El obispo no puede desentenderse tampoco de ellos: también tienen derecho a un puesto en su corazón de Padre. Sus dramas revelan a veces las negligencias en la formación sacerdotal. De ella forma parte una valiente corrección fraterna, cuando es necesaria, y también la disponibilidad del sacerdote para recibir una corrección así. Cristo ha dicho a sus discípulos: «Si tu hermano peca, vete y repréndelo a solas entre los dos. Si te hace caso, has salvado a tu hermano» (Mt 18, 15).

LA CASA DEL OBISPO

No solo había ocasión para tratar con las personas en las visitas pastorales y en otras intervenciones públicas. En la casa de la calle Franciszkańska, 3 la puerta estaba abierta a todos. El obispo es pastor; precisamente por eso debe estar con la gente, ser para la gente, servir a la gente. Las personas siempre tenían acceso directo a mí. A todos se les permitía la entrada.

En el Palacio Episcopal tenían lugar diversas reuniones, incluso sobre temas científicos. También allí estaba el Studium para la Familia. En uno de los locales fue creado un consultorio familiar. Eran tiempos aquellos en los que cada reunión de laicos de cierta importancia era considerada por las autoridades como una actividad contra el Estado. La casa del obispo se convirtió en un refugio. Invitaba a distintas personas: intelectuales, filósofos, humanistas; también se celebraban reuniones con los sacerdotes. Muchas veces el salón hacía de aula para clases. Allí se desarrollaban, por ejemplo, los encuentros de estudio del Instituto para la Familia y los seminarios universitarios «Kler-med». Se puede decir que, verdaderamente, aquella casa estaba «llena de vida».

La vivienda del arzobispo de Cracovia está relacionada con muchos recuerdos de la figura de mi gran predecesor, que ha quedado en la memoria de generaciones de sacerdotes de Cracovia como testimonio incomparable del misterio de la paternidad. El «Príncipe Valiente», así se le llamaba normalmente al arzobispo Adam Stefan Sapieha. Con este título pasó la guerra y el período de ocupación. Tiene sin duda un puesto preferente en la historia de mi vocación: él fue quien supo acogerla apenas se manifestó. De esto he hablado en el libro *Don y misterio*.

El príncipe cardenal Sapieha era un aristócrata polaco en el pleno sentido de la palabra. Había nacido en Krasiczyn cerca de Przemyśl. Una vez fui allí a propósito para ver el castillo natal. Fue ordenado sacerdote en la diócesis de Lvov. Prestó sus servicios en el Vaticano, en tiempos de Pío X, ejerciendo el cargo de camarero secreto. En aquel período hizo muchísimo por la causa polaca. En 1912 fue nombrado obispo, consagrado personalmente por Pío X y destinado a la sede de Cracovia. Su entrada tuvo lugar el mismo año. Era, pues, poco antes de la Primera Guerra Mundial. Después de estallar la guerra, fundó el Comité Episcopal de Cracovia para ayudar a los damnificados por el conflicto bélico, comúnmente llamado «Comité del Príncipe Obispo». Con el correr del tiempo, el Comité extendió su actividad hasta abarcar todo el país. Sapieha fue extraordinariamente activo durante los años de la contienda; se ganó así un gran respeto en todo el país. Fue hecho cardenal solo después de la Segunda Guerra Mundial. Desde los tiempos de Oleśnicki, antes de él fueron cardenales en Cracovia los arzobispos Dunajewski y Puzyna. Sin embargo, fue Sapieha quien mereció de modo especial el título de «Príncipe Valiente».

Sí, Sapieha fue para mí un verdadero modelo porque, en primer lugar, fue un pastor. Antes de comenzar la Segunda Guerra Mundial dijo al Papa que quería dimitir y retirarse. Pío XII, sin embargo, no dio su consentimiento; le dijo: «Ahora nos amenaza la guerra, habrá necesidad de ti». Murió como cardenal de Cracovia a la edad de ochenta y dos años.

En la homilía durante el rito fúnebre, el primado Wyszyński hizo algunas preguntas significativas. Dijo: «Cuando nosotros, vuestros huéspedes y amigos, os miramos, queridos hermanos sacerdotes, y os vemos como una apretada corona de corazones rodeando este féretro con los restos mortales de su pequeña figura, figura que no os podía atraer ni por su estatura ni por su fuerza física, quiero preguntaros, sacerdotes de Cracovia, para enriquecer mi experiencia, para profundizar en la sabiduría necesaria a un pastor: ¿Qué amabais en él? ¿Qué cautivaba vuestros corazones? ¿Qué veíais en él? ¿Por qué os habéis acercado, como toda Polonia ha hecho, a esta alma? Aquí realmente se puede hablar de amor del presbiterio diocesano por el propio arzobispo».[2] Aquel funeral de julio de 1951 fue verdaderamente un acontecimiento inaudito en los tiempos de Stalin: un gran cortejo procedía desde la calle Franciszkańska hacia el Wawel; en filas compactas caminaban los sacerdotes, las religiosas, los laicos. Caminaban, y las autoridades no se atrevieron a interrumpir el cortejo. Se sentían impotentes ante lo que estaba sucediendo. Quizá por eso se haya inventado, después del pleito contra la Curia de Cracovia, el proceso post mórtem de Sapieha. Los comunistas no se atrevieron a tocarlo cuando estaba vivo, aunque él considerara que era posible, especialmente cuando arrestaron al cardenal Mindszenty. Pero no se atrevieron.

Bajo su autoridad hice mi seminario: fui antes clérigo y luego sacerdote. Tenía con él una relación de profunda confianza y puedo decir que le quería, como le querían los otros sacerdotes. Con frecuencia se escribe en los libros que Sapieha me estaba en cierto modo preparando; quizá sea verdad. También esto es una tarea del obispo: preparar a quien eventualmente pueda sustituirle.

Los sacerdotes lo apreciaban quizá porque era un príncipe, pero lo amaban en primer lugar porque era un padre, tenía preocupación por el hombre. Y esto es lo que cuenta sobre todo: un obispo debe ser padre. Cierto, ningún hombre expresa exhaustivamente la paternidad, ya que esta se realiza plenamente solo en Dios Padre. Nosotros, sin embargo, participamos de alguna manera en la paternidad de Dios. Expresé esta verdad en reflexión sobre el misterio del padre titulada «Meditación sobre la paternidad»:

«Diré, por tanto: de todas las palabras que yo use, he resuelto suprimir la palabra "mío". ¿Cómo podría pronunciarla o pensarla, sabiendo que todo es de Ti? Aunque Tú mismo no engendres cada generación humana, el que la engendra también es tuyo. Yo mismo soy más tuyo que mío. Así yo me he percatado de que no me está permitido decir "mío" a lo que es tuyo. No me está permitido decirlo, ni pensarlo, ni sentirlo. Debo liberarme, despojarme; y nada tener, nada querer poseer como propio.»

(*Poesías*, «Meditación sobre la paternidad»)

UNA PATERNIDAD SEGÚN EL EJEMPLO DE SAN JOSÉ

El episcopado es sin duda un oficio, pero es necesario que el obispo emplee todas sus fuerzas para no convertirse en un «funcionario». Nunca debe olvidar que es padre. Como he

dicho, el príncipe Sapieha fue tan querido porque era un padre para sus sacerdotes. Cuando pienso en quién podría ser
considerado como ayuda y modelo para todos los llamados a
la paternidad —en la familia o en el sacerdocio, y tanto más en
ministerio episcopal— me viene a la mente san José.

Para mí, también el culto a san José tiene que ver con
la experiencia vivida en Cracovia. En la calle Poselska, junto al Palacio Episcopal, están las hermanas bernardinas. En
su iglesia, dedicada a san José, tienen exposición perpetua
del Santísimo Sacramento. En los momentos libres iba a
rezar allí y con frecuencia mi mirada se dirigía a la hermosa
imagen del padre putativo de Jesús, muy venerada en aquella iglesia. Allí también dirigí los ejercicios espirituales para
abogados. Me ha gustado siempre pensar en san José en el
contexto de la Sagrada Familia: Jesús, María, José. Invoca-
ba la ayuda de los tres a la vez en muchos de mis asuntos.
Comprendo la unidad y el amor que se vivía en la Sagrada
Familia: tres corazones, un amor. A san José se confiaba sobre todo la pastoral de la familia.

En Cracovia hay además otra iglesia dedicada a san José,
está en Podgórze. Iba con frecuencia durante las visitas pastorales. Posee también una importancia excepcional el santuario de San José en Kalisz. Allí convergen las peregrinaciones
de acción de gracias de los sacerdotes, ex prisioneros de Dachau. En aquel campo nazi había un grupo de sacerdotes que
confió a san José su salvación, y se salvaron. De vuelta a Polonia comenzaron a peregrinar cada año en acción de gracias al

santuario de Kalisz y siempre me invitaban a aquellos encuentros. Entre los sacerdotes que se salvaron están el arzobispo Kazimierz Majdański, el obispo Ignacy Jeż y también el cardenal Adam Kozłowiecki, misionero en África.

La Providencia preparó a san José para que ejerciera el papel de padre de Jesucristo. En la exhortación apostólica dedicada a él, *Redemptoris Custos*, he escrito: «Como se deduce de los textos evangélicos, el matrimonio con María es el fundamento jurídico de la paternidad de José. Para asegurar la protección paterna a Jesús, Dios escoge a José como esposo de María. Se sigue de esto que la paternidad de José —una relación que le coloca lo más cerca posible de Cristo, término de toda elección y predestinación— pasa a través del matrimonio con María» (n. 7). José fue llamado a ser el esposo castísimo de María para que hiciera de padre a Jesús. La paternidad de san José, como la maternidad de la Santísima Virgen María, tiene un carácter cristológico de primer orden. Todos los privilegios de María se derivan del hecho de que es la madre de Cristo. Análogamente, todos los privilegios de san José se deben a que tuvo el encargo de hacer de padre a Cristo.

Sabemos que Cristo se dirigía a Dios con la palabra *Abba*, una palabra querida y familiar, con la cual los hijos de su nación se dirigen a sus padres. Probablemente con la misma palabra, como los otros niños, Él se dirigía también a san José. ¿Es posible decir más del misterio de la paternidad humana? Como hombre, Cristo mismo experimentaba la paternidad de Dios a través de su relación filial con san José. El encuentro con José como padre se inserta en la revelación que Cristo ha hecho luego del paterno nombre de Dios. ¡Es un misterio profundo!

Cristo, en cuanto Dios, tenía su propia experiencia de la paternidad divina y de filiación en el seno de la Santísima Trinidad. Como hombre experimentó la filiación gracias a san José. Este ofreció al Niño que crecía a su lado la seguridad propia del equilibrio masculino, la claridad para ver los problemas y la valentía. Ejerció su papel con la calidad del mejor de los padres, obteniendo la fuerza de la fuente suprema, «de quien toma nombre toda familia en el cielo y en la tierra» (Ef 3,15). Al mismo tiempo, en lo humano, enseñó muchas cosas al Hijo de Dios, al que proporcionó un hogar en la tierra.

La vida con Jesús fue para san José un continuo descubrimiento de su propia vocación de padre. Había llegado a serlo de un modo extraordinario, sin dar el cuerpo a su Hijo. ¿No es esta quizá la realización de la paternidad que se nos propone como modelo a nosotros, sacerdotes y obispos? Todo cuanto hacía en mi ministerio lo vivía como manifestación de esa paternidad: bautizar, confesar, celebrar la Eucaristía, predicar, exhortar, animar eran para mí siempre una realización de la misma paternidad.

Hay que pensar en la casa construida por san José para el Hijo de Dios, especialmente cuando se habla del celibato sacerdotal y episcopal. El celibato da la plena posibilidad de realizar este tipo de paternidad: una paternidad casta, consagrada totalmente a Cristo y a su Madre Virgen. El sacerdote, libre de preocupación personal por su familia, puede dedicarse *con todo el corazón* a la misión pastoral. Se entiende por tanto la firmeza con que la Iglesia de rito latino ha defendido la tradición del celibato para sus sacerdotes, resistiéndose a las presiones que ha sufrido a lo largo de la historia. Es una tradición exigente, pero que se ha mostrado sumamente fecunda en frutos espirituales, si bien causa ciertamente alegría constatar que también el sacerdocio de casados en la Iglesia católica oriental ha dado óptimas pruebas de celo pastoral. Especialmente en la lucha contra el comunismo, los sacerdotes orientales casados no han sido menos heroicos que sus colegas célibes, como hizo observar una vez el cardenal Josyf Slipyj.

Conviene subrayar que hay profundas razones teológicas en favor del celibato. La encíclica, *Sacerdotalis caelibatus*, publicada en 1967 por mi venerado predecesor Pablo VI, las sintetiza del modo siguiente (nn. 19-34):

—Hay sobre todo un *motivo cristológico*: constituido Mediador entre el Padre y el género humano, Cristo permaneció célibe para dedicarse totalmente al servicio de Dios y de los hombres. Quien tiene la suerte de participar en la dignidad y en la misión de Cristo está llamado a compartir también esta entrega total.

—Hay además un *motivo eclesiológico*: Cristo ha amado a la Iglesia, ofreciéndose a sí mismo del todo por Ella para hacerla una Esposa gloriosa, santa e inmaculada. Con la elección del celibato, el ministro sagrado hace suyo este amor virginal de Cristo por la Iglesia, recibiendo de él fuerza sobrenatural y fecundidad espiritual.

—Hay, por fin, un *motivo escatológico*: después de la resurrección de los muertos, dijo Jesús, «ni ellos tomarán mujer, ni ellas marido, sino que serán como ángeles en el cielo» (Mt 22, 30). El celibato del sacerdote anuncia la venida de la salvación en los últimos tiempos y, en cierto modo, anticipa la consumación del Reino, afirmando los valores supremos que un día resplandecerán en todos los hijos de Dios.

En el intento de oponerse al celibato, se esgrime a veces la soledad del sacerdote, la soledad del obispo. Basándome en mi experiencia, rechazo decididamente tal argumento. Personalmente nunca me he sentido solo. Además de la convicción de la cercanía del Señor, también humanamente he tenido siempre en torno a mí a muchas personas, he cultivado numerosas relaciones cordiales con sacerdotes —arciprestes, párrocos, vicarios parroquiales— y con laicos de todas las categorías.

Estar con la propia gente

Se ha de pensar también en la casa construida por san José para el Hijo de Dios cuando se habla del deber paterno del obispo de estar con los que le han sido confiados. La casa del obispo es la diócesis. No solamente porque él vive y trabaja en ella, sino en un sentido mucho más profundo: la diócesis es la casa del obispo porque es el ámbito en que cada día debe manifestar su fidelidad a la Iglesia, su Esposa. Cuando el Concilio de Trento, frente a las continuas negligencias en este campo, subrayó y definió la obligación del obispo de residir en su diócesis, expresó al mismo tiempo una profunda intuición: el obispo debe estar con su Iglesia en todos los momentos importantes. Sin una fundada razón no la debe abandonar por un período de tiempo que supere el mes, comportándose como el buen padre de familia, que está habitualmente con los suyos y, cuando debe ausentarse, siente nostalgia y quiere volver con ellos cuanto antes.

Recuerdo a este propósito, la figura del fiel obispo de Tarnów, Jerzy Ablewicz. Los sacerdotes de su diócesis sabían que no recibía los viernes. Ese día iba a pie en peregrinación a Tuchów, al santuario mariano de la diócesis. En el camino preparaba con su oración la homilía dominical. Se sabía que salía muy a disgusto de la diócesis. Estaba siempre con los suyos, primero en la oración, luego en la acción. Pero, primero en la oración; el misterio de nuestra paternidad surge y se desarrolla precisamente de ella. Como hombres de fe, en la oración nos presentamos ante María y José para pedirles ayuda y edificar así, junto con ellos y con todos los que Dios nos confía, la casa para el Hijo de Dios: su santa Iglesia.

LA CAPILLA EN LA CALLE FRANCISZKAŃSKA, 3

La capilla del Palacio de los Arzobispos de Cracovia tiene un significado del todo especial para mí. En ella fui ordenado sacerdote por el cardenal Sapieha el 1 de noviembre de 1946, aunque el lugar habitual para las ordenaciones fuese la catedral. Sobre el lugar y sobre la fecha de mi ordenación sacerdotal influyó la decisión del ordinario de mandarme a Roma a estudiar.

San Pablo, apóstol ya experto, escribe hacia el final de su vida a Timoteo: «Ejercítate en la piedad. El ejercicio corporal sirve para poco; en cambio la piedad es provechosa para todo, pues tiene la promesa de la vida, de la presente y de la futura» (1 Tm 4, 7-8). La capilla está tan cerca que bastan dos pasos para llegar a ella; es un privilegio de todo obispo, pero al mismo tiempo es para él un gran deber. La capilla está cercana para que en la vida del obispo —la predicación, las decisiones, la pastoral— todo comience a los pies de Cristo, oculto en el Santísimo Sacramento. He sido testigo presencial de la costumbre del arzobispo de

Cracovia, el príncipe Adam Sapieha, a este respecto. El cardenal primado Wyszyński, en la homilía fúnebre en Wawel, habló así de ella: «Entre tantas características de su vida, hay una que me ha hecho reflexionar. Durante las asambleas de la Conferencia Episcopal, al término de una jornada de trabajo, a veces fatigosa, todos se apresuraban hacia sus casas bastante agotados; sin embargo, este hombre incansable iba a su fría capilla y permanecía allí ante Dios en la oscuridad de la noche. ¿Cuánto tiempo? No lo sé. Nunca oí durante las horas de trabajo nocturno en la casa arzobispal los pasos del cardenal volviendo de la capilla. Una cosa sé, y es que su edad avanzada le concedía el derecho al descanso. Pero el cardenal tenía que cerrar con broche de oro la fatiga del trabajo de todo el día y la cerraba con el diamante de la oración. ¡Fue verdaderamente un hombre de oración!».[3]

He procurado imitar aquel ejemplo inigualable. En la capilla privada no solamente rezaba, sino que me sentaba allí y escribía. Allí escribí mis libros, entre ellos la monografía *Persona y acto*.[4] Estoy convencido de que la capilla es un lugar del que proviene una especial inspiración. Es un enorme privilegio poder vivir y trabajar al amparo de esta Presencia. Una Presencia que atrae como un poderoso imán. Mi querido amigo André Frossard, ya desaparecido, en el libro *Dios existe, yo me lo he encontrado*,[5] describe con hondura la fuerza y la belleza de esta Presencia. Para entrar espiritualmente en el espacio del Santísimo Sacramento no siempre es necesario ir físicamente a la capilla. He tenido siempre la percepción interior de que Él, Cristo, es el propietario de mi casa episcopal y que nosotros, obispos, somos solamente sus inquilinos temporales. Así ha sido en la calle Franciszkańska durante casi veinte años, y así es aquí en el Vaticano.

QUINTA PARTE

COLEGIALIDAD EPISCOPAL

Instituyó a doce, para que estuvieran con él y para enviarlos a predicar.

(Mc 3, 14-15)

El Concilio Vaticano II supuso para mí un impulso muy fuerte, que me llevó a intensificar la actividad pastoral. Desde aquel momento, éste debía ser el punto de partida. El 3 de junio de 1963 murió el papa Juan XXIII. Había convocado el Concilio, que se inauguró el 11 de octubre de 1962. Tuve la oportunidad de tomar parte en él desde el comienzo. La primera sesión se abrió en el mes de octubre y terminó el 8 de diciembre. Participé en las reuniones con los padres conciliares como vicario capitular de la archidiócesis de Cracovia.

Después de la muerte de Juan XXIII, el 21 de junio de 1963, el cónclave eligió papa al arzobispo de Milán, cardenal Giovanni Battista Montini, que tomó el nombre de Pablo VI. En otoño del mismo año el Concilio inició la segunda sesión en la que estuve presente con el mismo título. El 13 de enero de 1964 fui nombrado arzobispo metropolitano de Cracovia. El nombramiento se hizo público poco después y, el 8 de marzo, en el domingo *Laetare,* tuvo lugar mi ingreso solemne en la catedral del Wawel.

Recuerdo que en el umbral de la catedral me dieron la bienvenida el profesor Franciszek Bielak y monseñor Bohdan Niemczewski, prepósito mitrado del Capítulo. Me introdujeron en la catedral donde tenía que ocupar el trono episcopal, vacío desde la muerte del cardenal Sapieha y del arzobispo Baziak. No recuerdo los detalles del discurso que pronuncié entonces, pero sí que fueron palabras llenas de emoción al referirme a la catedral del Wawel y a su patrimonio cultural, al que estaba ligado «desde siempre», como precedentemente he subrayado.

EL PALIO

Pienso también en el signo profundo y emocionante del palio; lo recibí en el mismo año 1964. En todo el mundo los metropolitanos, como muestra de unión con Cristo Buen Pastor y con su vicario que ejerce el cargo de Pedro, llevan sobre los hombros este signo confeccionado con lana de los corderos bendecidos el día de santa Inés. Como Papa lo he entregado muchas veces a los nuevos metropolitanos en la fiesta de los santos apóstoles Pedro y Pablo. ¡Hermosa simbología! En el palio podemos ver la imagen de una oveja que el Buen Pastor pone sobre sus hombros y la lleva consigo para salvarla y alimentarla.

Este símbolo muestra claramente lo primero que nos une a todos los obispos: la solicitud y la responsabilidad por la grey que se nos ha confiado. Debemos cultivar y custodiar la unidad, que está en la base de esta solicitud y de esta responsabilidad.

Desde el 8 de marzo de 1964, participé ya como arzobispo metropolitano en el Concilio hasta su clausura el 8 de diciembre de 1965. La experiencia del Concilio, los encuentros en la fe con los obispos de la Iglesia universal y, al mismo tiempo, la nueva responsabilidad ante la Iglesia de Cracovia que se me había confiado, me permitieron comprender más a fondo el papel del obispo en la Iglesia.

El obispo en su Iglesia local

¿Qué papel asigna la bondad de Dios al obispo en la Iglesia? Desde el principio, por su inserción en la sucesión apostólica, tiene ante sí la Iglesia universal. Ha sido enviado *a todo el mundo* y, por eso, se convierte en signo de la catolicidad de la Iglesia. He advertido esta dimensión universal de la Iglesia desde mi primera infancia, desde que aprendí a recitar las palabras de la profesión de fe: «Creo en la Iglesia, una, santa, católica y apostólica». Esta comunidad universal aglutina en sí misma los testimonios de tantos lugares, tiempos y hom-

bres elegidos por Dios y reunidos «desde de Adán, desde el justo Abel hasta el último elegido» (*Lumen gentium*, 2). Estos testimonios y estos vínculos se perciben
de manera elocuente en la liturgia de la ordenación episcopal hasta el punto de hacer pensar en toda la historia
de la salvación y su finalidad, que es la unidad de todos
los hombres en Dios.

Todo obispo, a la vez que tiene responsabilidad respecto a la Iglesia universal, se encuentra en el centro de una
Iglesia particular, es decir, en el centro de la comunidad que
Cristo le ha confiado, precisamente a él, para que por medio de su ministerio episcopal se realice cada vez más plenamente el misterio de la Iglesia de Cristo, signo de salvación para todos. En la constitución dogmática *Lumen
gentium* leemos: «Esta Iglesia de Cristo está verdaderamente
presente en todas las legítimas comunidades locales de fieles, unidas a sus pastores. Estas, en el Nuevo Testamento,
reciben el nombre de Iglesias [...]. En toda comunidad en
torno al altar, presidida por el ministerio sagrado del obispo, se manifiesta el símbolo de aquel gran amor y de la
"unidad del Cuerpo místico sin la que uno no puede sal-
varse". En estas comunidades, aunque muchas veces sean
pequeñas y pobres, o vivan dispersas, está presente Cristo,
que con su poder constituye a la Iglesia una, santa, católica y apostólica» (n. 26).

El misterio de la vocación del obispo en la Iglesia consiste propiamente en que se encuentra en esta comunidad

particular visible para la que ha sido asignado y, al mismo tiempo, en la Iglesia universal. Es necesario comprender bien este vínculo singular. Sería sin duda una simplificación y, en definitiva, una grave incomprensión del misterio, pensar que el obispo representa a la Iglesia universal en la propia comunidad diocesana —como para mí fue la de Cracovia—, y al mismo tiempo la representa ante la Iglesia universal, una manera similar, por ejemplo, a los embajadores que representan a sus respectivos Estados u organismos internacionales. El obispo es signo de la presencia de Cristo en el mundo. Y esta es una presencia que va al encuentro de los hombres dondequiera que estén; los llama por su nombre, los alienta, los conforta con el anuncio de la Buena Nueva y los reúne en torno a la misma Mesa. Por eso el obispo, que pertenece al mundo entero y a la Iglesia universal, vive su vocación lejos de los otros miembros del Colegio Episcopal para estar en estrecha relación con los hombres que, en el nombre de Cristo, reúne en su Iglesia particular. Al mismo tiempo, para esos que reúne en torno a sí, se convierte en signo de superación de su soledad, porque los pone en relación con Cristo y, en Él, tanto con todos los fueron elegidos por Dios antes que ellos desde el principio del mundo, como con los que él reúne en todo el mundo, y también con los que reunirá en su Iglesia después, incluidos los que sean llamados a última hora. Todos están presentes en la Iglesia local por medio del ministerio y del signo del obispo.

El obispo ejerce su ministerio de manera verdaderamente responsable cuando sabe suscitar en sus fieles un vivo sentido de comunión con él y, a través de su persona, con todos los creyentes de la Iglesia repartida por el mundo. Tengo experiencia personal de esta unión cordial en mi Cracovia, unión con los sacerdotes, las órdenes religiosas y los laicos. ¡Que Dios les recompense! San Agustín, pidiendo ayuda y comprensión, solía decir a los fieles: «Son muchos los cristianos que no son obispos y llegan a Dios quizá por un camino más fácil y moviéndose con tanta mayor agilidad, cuanto que llevan a la espalda un peso menor. Nosotros, en cambio, además de ser cristianos, por lo que habremos de rendir a Dios cuentas de nuestra vida, somos también obispos, por lo que habremos de dar cuenta a Dios del cumplimiento de nuestro ministerio como pastores».[1]

Este es el misterio del encuentro místico de los hombres «de toda nación, pueblos y lenguas» (Ap 7, 9) con Cristo, presente en el obispo diocesano, en torno al que, en un determinado momento de la historia, se reúne la Iglesia local. ¡Qué fuerte es este vínculo! ¡Qué magníficamente nos une y entrelaza unos a otros! Lo experimenté durante el Concilio. Aprecié especialmente la colegialidad: ¡Todo el episcopado con Pedro! Otra experiencia análoga de la colegialidad fue durante los ejercicios espirituales que dirigí en el año 1976 para la Curia Romana, reunida en torno al papa Pablo VI. Pero sobre esto volveré más tarde.

La colegialidad

Conviene volver a pensar en los orígenes. Por voluntad de nuestro Señor y Maestro se instituyó el oficio apostólico. La comunidad de «los que él quiso» (Mc 3, 13) crecía en torno a Él; en su interior se formaba y maduraba la personalidad de cada uno de sus miembros, comenzando por Simón Pedro. Mediante la llamada y consagración, cada nuevo obispo entra a formar parte de este colegio de discípulos y amigos de Cristo. ¡El Colegio! La participación en esta comunidad de fe, de testimonio, de amor y de responsabilidad es el don que recibimos junto con la llamada y la consagración. ¡Qué grande es este don!

Para todos nosotros, los obispos, la presencia de los otros es un apoyo, que se expresa mediante el vínculo de la oración y del ministerio, mediante el testimonio y la distribución de los frutos del trabajo pastoral. Desde este punto de vista, son para mí un motivo particular de aliento los encuentros y contactos con los obispos durante las visitas *ad limina Apostolorum*. Deseo que todos conozcan y aprecien lo que la gracia de Dios hace mediante el corazón, la mente y las manos de cada uno de ellos. La facilidad actual de comunicación hace posibles encuentros más frecuentes y fructuosos. Eso nos permite a todos nosotros, obispos de la Iglesia católica, buscar los medios para reforzar la colegialidad episcopal, también a través de una generosa colaboración en las conferencias episcopales y en el intercambio de experiencias de la gran familia de la Iglesia en todo el mundo. Cuando los obispos se reúnen y se intercambian alegrías y preocupaciones, seguramente se ayudan mutuamente a conservar esa «espiritualidad de comunión» de la que hablé en la carta apostólica *Novo millennio ineunte* (nn. 43-45).

Ya antes de ser elegido a la Sede de Pedro me reunía con muchos obispos de todo el mundo, aunque, naturalmente, de modo más frecuente con los de países europeos más cercanos. Eran encuentros de consuelo recíproco. Algunos, especialmente los que tenía con los obispos de países sometidos a la dictadura comunista, fueron a veces dramáticos. Pienso, por ejemplo, en los funerales del cardenal Stefan Trochta en la Checoslovaquia de entonces, cuando los contactos con las Iglesias locales eran obstaculizados e incluso prohibidos por las autoridades comunistas.

Antes de que los cardenales decidiesen que tenía que ser yo el que ocupara la Sede de Pedro, el último encuentro pastoral con los obispos de un país vecino fue en Alemania, donde nos trasladamos en septiembre de 1978, junto con el primado Wyszyński, para una visita pastoral. Fue también un gesto importante de reconciliación entre nuestras respectivas naciones. Todos aquellos encuentros han tenido una continuación extraordinaria e intensa en las reuniones cotidianas con los obispos de diversas partes del mundo que he tenido desde mi elección a la Sede de Pedro.

Las visitas *ad limina Apostolorum* son una manifestación especial de la colegialidad. En principio, cada cinco años (aunque a veces hay retrasos) vienen por turnos al Vaticano los obispos del mundo entero. Son más de dos mil diócesis. Ahora soy yo quien les recibe. Antes, en tiempos de Pablo VI, era el Papa quien me recibía. Apreciaba mucho los encuentros con Pablo VI. Aprendí mucho de él, incluso sobre su modo de llevar a cabo estos encuentros. Sin embargo, después he trazado mi propio esquema: primero recibo a cada obispo personalmente, luego invito a comer a todo el grupo y, al final, celebramos juntos la Santa Misa por la mañana y tenemos la reunión colectiva.

Estos encuentros con los obispos son muy provechosos. Podría decir con toda sencillez que de ellos «aprendo la Iglesia». Debo hacerlo constantemente, porque de los obispos aprendo siempre cosas nuevas. De la conversación con ellos llego a conocer la situación de la Iglesia en las distintas partes del mundo; en Europa, en Asia, en América, en África, en Oceanía.

El Señor me ha dado las fuerzas necesarias para poder visitar muchos de estos países, diría que la mayor parte. Esto tiene gran importancia, porque la estancia personal en un país, aunque sea breve, permite ver mucho. Además, estos encuentros dan la oportunidad de tener un contacto directo con la gente, que es de suma utilidad, tanto en el ámbito interpersonal como eclesial. También san Pablo estaba constantemente en camino. Por eso, cuando se lee lo que escribió a las distintas comunidades, se advierte que había estado con ellas, que conocía a la gente del lugar y sus propios problemas. Lo mismo vale para todos los tiempos, también para el nuestro.

Me ha gustado siempre viajar. Estoy convencido de que, en cierto sentido, es un cometido que Cristo mismo ha encargado al Papa. Ya como obispo diocesano me gustaban las visitas pastorales y consideraba que era muy importante saber lo que sucede en las parroquias, conocer a las personas y tratarlas directamente. La visita pastoral, que es una norma canónica, ha sido en realidad dictada por una experiencia de vida. El modelo es san Pablo. También Pedro, pero sobre todo Pablo.

Los Padres conciliares

Durante la primera sesión del Concilio, siendo aún obispo auxiliar de la archidiócesis de Cracovia, tuve ocasión de agradecer al cardenal Giovanni Battista Montini el generoso y magnífico regalo que la archidiócesis de Milán había hecho a la colegiata de San Florián, en Cracovia: tres campanas nuevas (un regalo simbólico, elocuente incluso por los nombres de las campanas: «Virgen María» «Ambrosio-Carlos Borromeo» y «Florián»). El regalo había sido gestionado por don Tadeusz Kurowski, prepósito de la colegiata de San Florián. El arzobispo Montini, siempre muy amable con los polacos, demostró tener un gran corazón con aquel proyecto y también mucha comprensión conmigo, un obispo muy joven por entonces.

Los colegas italianos, que por así decir hacían de anfitriones en el Concilio y en el Vaticano en general, me sorprendían siempre por su cordialidad y por su universalismo. Durante la primera sesión del Concilio, una de las más sugestivas experiencias de la universalidad de la Iglesia me la produjo el contacto con los numerosos obispos de África que participaban. Ocupan diversos asientos en la basílica de San Pedro, en la que, como es sabido, se desarrollaban los trabajos del Concilio. Entre ellos había eminentes teólogos y celosos pastores. Tenían mucho que decir. Se me ha grabado sobre todo el recuerdo del arzobispo Raymond-Marie Tchidimbo, de Conakry, que sufrió mucho a causa del presidente comunista de su país y terminó exiliado. Tuve un contacto cordial y frecuente con el cardenal Hyacinthe Thiandoun, hombre de excepcional personalidad. Otra figura eminente era el cardenal Paul Zoungrana. Ambos de cultura francesa, hablaban correctamente esta lengua como si fuese la suya. Tuve estrecha amistad con estos prelados mientras viví en el Colegio Polaco.

Me sentí muy cercano al cardenal Gabriel Marie Garrone. Era francés, tenía veinte años más que yo. Me trataba con gran cordialidad, diría que amistoso. Fue hecho cardenal a la vez que yo y, después del Concilio, fue prefecto de la Congregación para la Educación Católica. Me parece que también participó en el cónclave. Otro francés con el que estreché lazos de amistad fue el teólogo Henri de Lubac, S. I. que yo mismo, años después, creé cardenal. El Concilio fue un período privilegiado para conocer a obispos y teólogos, especialmente en las comisiones. Cuando fue presentado el Esquema 13 (que después se convirtió en la constitución pastoral sobre la Iglesia en el mundo contemporáneo, *Gaudium et Spes*) yo hablé del personalismo. El padre de Lubac se me acercó y me dijo: «Así, así, en esa dirección». De este modo me dio ánimos y eso significó mucho para mí, que era relativamente joven.

Estreché amistad también con los alemanes. Con el cardenal Alfred Bengsch, un año más joven que yo. Con Joseph Höffner de Colonia, con Joseph Ratzinger; todos ellos eclesiásticos de excepcional preparación teológica. Recuerdo, en particular, el entonces jovencísimo profesor Ratzinger: acompañaba en el Concilio al cardenal Joseph Frings, arzobispo de Colonia, como experto en teología; más tarde fue nombrado arzobispo de Munich por el papa Pablo VI, que lo creó cardenal; estaba presente en el cónclave que me confió el ministerio petrino; cuando murió el cardenal Franjo Šeper, le pedí que le sucediera en el cargo de prefecto de la Congregación para la Doctrina de la Fe; doy gracias a Dios por la presencia y la ayuda del cardenal Ratzinger; es un amigo de confianza. Desgraciadamente son ya pocos los obispos y los cardenales vivos que tomaron parte en el Concilio (del 11 de octubre de 1962 al 8 de diciembre de 1965).

Fue un acontecimiento eclesial extraordinario y doy gracias a Dios por haber podido participar en él desde el primer hasta el último día.

EL COLEGIO CARDENALICIO

En cierto sentido, el corazón del Colegio Episcopal es el Colegio de los Cardenales, que rodean al sucesor de Pedro y lo sostienen en su testimonio de fe ante toda la Iglesia. Fui incorporado a este Colegio en junio de 1967.

La asamblea de los cardenales hace especialmente visible el principio de colaboración y de recíproco afianzamiento en la fe, sobre la que se edifica toda la obra misionera de la Iglesia. La tarea de Pedro es la asignada por Jesús: «Y tú, cuando te conviertas, confirma a tus hermanos» (Lc 22, 32). Desde los primeros siglos, los sucesores de Pedro recurrían a la colaboración del colegio de obispos, de los presbíteros y los diáconos, responsables junto con ellos de la ciudad de Roma y de las diócesis más cercanas («suburbicarias»). Se empezó designándoles como *viri cardinales*. Obviamente, en el transcurso de los siglos cambiaron las formas de cooperación. Pero el significado esencial, que es signo para la Iglesia y para el mundo, permanece inmutable.

Puesto que la responsabilidad pastoral del sucesor de Pedro se extiende al mundo entero, se ha ido abriendo paso progresivamente la idea de que era conveniente que los *viri cardinales* estuvieran en todo el mundo cristiano, unidos al Papa por lazos especiales de responsabilidad y absoluta disponibilidad para dar testimonio de la fe, si fuera necesario, hasta el derramamiento de la sangre (por eso sus indumentos son de color púrpura, como la sangre de los mártires). Doy gracias a Dios por este apoyo y por compartir la responsabilidad en el gobierno de la Iglesia, que los cardenales de la Curia Romana y de todo el mundo me ofrecen generosamente. Cuanto más dispuestos están para apoyar a los demás, más los confirman en la fe y, en consecuencia, están también más capacitados para afrontar la enorme responsabilidad de elegir, bajo la acción del Espíritu Santo, al que debe ocupar la sede de Pedro.

LOS SÍNODOS

Mi vida como obispo comenzó prácticamente con el anuncio del Concilio. Como es sabido, uno de los frutos del Concilio fue la institución del Sínodo de Obispos, creado por el papa Pablo VI el 15 de septiembre de 1965. Desde entonces se han celebrado numerosos sínodos. En ellos, el secretario general desempeña un gran papel. Al principio tuvo este encargo el cardenal Władysław Rubin, cuyas penalidades durante la guerra concluyeron en Roma, adonde llegó a través del Líbano. Pablo VI le confió la creación de la secretaría del Sínodo. No fue una tarea fácil. Procuré apoyarlo cuanto me fue posible, principalmente con buenos consejos. Más tarde su tarea fue asumida por el cardenal Józef Tomko, a quien sucedió el cardenal Jan Pieter Schotte.

Los sínodos, como he dicho, han sido numerosos. Además de los celebrados durante el pontificado de Pablo VI, ha habido sínodos sobre la familia, el sacramento de la reconciliación y penitencia, el papel de los laicos en la vida de la Iglesia, la formación sacerdotal, la vida consagrada, el episcopado. Se han celebrado también algunos sínodos de carácter particular: para los Países Bajos, el Sínodo por el XX aniversario del Concilio Vaticano II y la Asamblea especial para el Líbano. Ha habido sínodos de carácter continental: el Sínodo para África, para América, para Oceanía, para Asia, y dos sínodos para Europa. La idea era que, antes del Milenio, se recorrieran todos los continentes y se conocieran y recogieran sus problemas, como preparación al Gran Jubileo. Este programa se ha realizado. Ahora hay que pensar en el nuevo sínodo, que tendrá como tema el sacramento de la Eucaristía.

En mi vida de obispo había tenido ya esa experiencia sinodal: en la archidiócesis de Cracovia tuvo lugar un sí-

nodo muy importante, organizado con ocasión del 900.º
aniversario de san Estanislao. Se trataba obviamente solo
de un sínodo diocesano. No se desarrolló con perspectiva
de Iglesia universal, sino con la más modesta de la Iglesia
local. También el sínodo diocesano, sin embargo, tiene una
importancia significativa para una comunidad de fieles que
vive cada día los mismos problemas, relacionados con la
práctica de la fe en circunstancias sociales y políticas bien
determinadas. La tarea del Sínodo de Cracovia fue la de
introducir en la vida de aquella comunidad local lo que el
Concilio había dispuesto. Programé ese sínodo para los
años 1972-1979, porque san Estanislao —como ya he dicho— fue obispo precisamente desde el año 1072 al 1079.
Quería que, después de novecientos años, fueran revividas
esas mismas fechas. La experiencia más importante fue la
del trabajo de los grupos sinodales, muy numerosos y
comprometidos. Un sínodo auténticamente pastoral: trabajaban juntos obispos, sacerdotes y laicos, todos. Clausuré
aquel sínodo ya como Papa, durante mi primer viaje a
Polonia.

LOS EJERCICIOS ESPIRITUALES A LA CURIA
DURANTE EL PONTIFICADO DE PABLO VI

Nunca olvidaré aquellos ejercicios espirituales, verdaderamente especiales. La práctica de los ejercicios se ha demos-

trado un gran don de Dios para cualquiera que los haga. Es un tiempo en el que se dejan todas las otras cosas para encontrarse con Dios y disponerse a escucharle solo a Él. Esto es sin duda alguna una ventajosa oportunidad para el «ejercitante». Por eso no se le debe presionar, sino más bien despertar en él la necesidad interior de hacer una experiencia de este tipo. Sí, en ocasiones se le puede decir a alguien: «Vete donde los Camaldulenses o a Tyniec para encontrarte a ti mismo»; pero, en principio, es una decisión que ha de nacer sobre todo de una necesidad interior. La Iglesia, como institución, recomienda de modo especial a los sacerdotes que hagan los ejercicios espirituales;[2] pero la norma canónica es solo un elemento que se añade al impulso que proviene del corazón.

Ya he recordado que yo mismo hacía los ejercicios espirituales la mayoría de las veces en la abadía benedictina de Tyniec; también fui a los Camaldulenses, a Bielany, al seminario de Cracovia y a Zakopane. Desde que vine a Roma hago los ejercicios espirituales con la Curia en la primera semana de Cuaresma. Los han dirigido en estos años predicadores siempre distintos. Algunos han sido magníficos desde el punto de vista de la capacidad de hablar, del contenido, en ocasiones hasta del sentido del humor. Éste ha sido, por ejemplo, el caso del jesuita padre Tomáš Špidlik, de origen checo. Nos reímos mucho durante sus pláticas y eso también es un aspecto útil. Sabía presentar de modo gracioso verdades profundas y demostraba tener un gran talento para ello. Aquellos ejercicios han vuelto a surgir en mi recuerdo cuando entregué al padre Špidlik el birrete cardenalicio durante el último Consistorio. Yo mismo invité al obispo Ablewicz, el único polaco, aparte de mí, que ha dirigido los ejercicios espirituales en el Vaticano.

Di la tanda de ejercicios espirituales en el Vaticano ante Pablo VI y sus colaboradores. Hubo un problema en la fase preparatoria. Al comienzo de febrero de 1976 me telefoneó monseñor Władysław Rubin para decirme que el papa Pablo VI me rogaba que predicara los ejercicios espirituales en marzo. Tuve a mi disposición apenas veinte días para preparar los textos y traducirlos. El título que di a aquellas meditaciones fue: *Signo de contradicción*. No fue un título premeditado o que me hubiera sido propuesto. Simplemente salió así al final, como una síntesis de lo que pretendía decir.

En realidad, más que un tema era en cierto sentido la palabra clave en la que confluía lo expuesto en las diversas meditaciones. Recuerdo los días dedicados a la preparación. Los temas que tenía que preparar eran veinte; tuve que perfilarlos y desarrollarlos solo; para tener la tranquilidad necesaria me fui a Zakopane, a las ursulinas de Jaszczurówka. Hasta el mediodía escribía las meditaciones, por la tarde iba a esquiar y, más tarde, por la noche, seguía escribiendo.

Aquel encuentro con Pablo VI durante los ejercicios espirituales fue particularmente importante para mí, porque me di cuenta de lo necesario que es para el obispo la prontitud para hablar de su fe dondequiera que el Señor se lo pida. Todo obispo tiene que estar dispuesto, incluido el mismo sucesor de Pedro, de la misma manera que Pablo VI tuvo entonces necesidad de mi disponibilidad.

LA ACTUACIÓN DEL CONCILIO

El Concilio fue un gran acontecimiento y, para mí, una experiencia inolvidable. Volví muy enriquecido. Al regresar a Polonia escribí un libro en el que presenté las orientaciones que había madurado en el curso de las sesiones conciliares. En aquellas páginas procuré recoger, por así decir, el núcleo de las enseñanzas del Concilio. Titulé el libro: *En las fuentes de la renovación. Estudio sobre la actuación del Concilio Vaticano II.* Fue publicado en Cracovia en 1972 por la Asociación Teológica Polaca (PTT). El libro quería ser también una especie de ex voto de gratitud por lo que la divina gracia, mediante la asamblea conciliar, había obrado personalmente en mí como obispo. El Concilio Vaticano II habla de modo particular sobre las tareas del obispo. El Concilio Vaticano I había tratado del primado del Papa; el Vaticano II se ocupa especialmente de los obispos. Para convencerse de eso, basta con tomar los documentos, principalmente la constitución dogmática *Lumen gentium.*

La profunda enseñanza del Concilio sobre el episcopado se apoya en la referencia a la triple función (*munus*) de Cristo: profética, sacerdotal, real. La constitución *Lumen gentium* trata de esos temas en los números 24-27. Pero también otros textos conciliares hacen referencia a las tres funciones (*tria munera*). Entre ellos hay que dar una particular importancia al decreto *Christus Dominus*, dedicado al oficio pastoral de los obispos.

Cuando volví de Roma a Polonia estalló la cuestión del conocido mensaje de los obispos polacos a los alemanes. En su carta, los obispos de Polonia ofrecían su perdón, en nombre de sus compatriotas, por las laceraciones causadas por los alemanes durante la Segunda Guerra Mundial. Al mismo tiempo, pedían perdón por los agravios que los polacos pudieran haber hecho a los alemanes. Desgraciadamente el mensaje desencadenó una gran polémica, alegatos y calumnias. Aquel acto de reconciliación que, en realidad, como se demostró luego, se había decidido con el fin de normalizar las relaciones polaco-alemanas, no gustó a las autoridades comunistas. La consecuencia fue un enfriamiento de las relaciones con la Iglesia. Lo cual no suponía obviamente el mejor clima para la celebración del Milenario del Bautismo de Polonia, que debía iniciarse en Gniezno, en abril de 1966. En Cracovia, las celebraciones tuvieron lugar en la fiesta de San Estanislao, el 8 de mayo. Todavía hoy recuerdo nítidamente aquella multitud de gente que avanzaba en procesión del Wawel a Skałka. Las autoridades no se atrevieron a interrumpir aquella compacta y ordenada afluencia de gente. En las celebraciones del Milenario se atenuaron y casi desaparecieron las tensiones provocadas por el mensaje de los obispos y fue posible continuar con una catequesis apropiada sobre el significado del Milenario en la vida de la nación.

Habitualmente, una buena ocasión para la predicación era también la procesión anual del Corpus Christi. Antes de la guerra, la gran procesión en honor del Cuerpo y la Sangre de Cristo iba desde la catedral del Wawel hasta Rynek Główny, atravesando calles y plazas de la ciudad. Durante la ocupación, el gobernador alemán Hans Frank prohibió celebrar la procesión. Más tarde, en tiempos del comunismo, las autoridades permitieron que se hiciese una procesión más breve: desde la catedral del Wawel en torno al patio del castillo real. Solo en 1971 la procesión pudo salir nuevamente fuera de la colina del Wawel. Entonces procuré hilvanar los temas de las pláticas que tenía que pronunciar en cada altar para presentar, en el contexto de la catequesis de la Eucaristía, los diversos aspectos del gran tema de la *libertad religiosa*, más actual que nunca en aquel momento.

Pienso que en estas múltiples formas de piedad popular se esconde la respuesta a una cuestión que se plantea a veces sobre el significado de la tradición, incluso en sus manifestaciones locales. En el fondo, la respuesta es sencilla: la sintonía de corazones constituye una gran fuerza. Enraizarse en lo que es antiguo, fuerte, profundo y entraña-

ble al mismo tiempo, da una energía interior extraordinaria. Si ese enraizarse está además unido a una vigorosa fuerza de las ideas, ya no puede haber razón alguna para temer
por el futuro de la fe y de las relaciones humanas en el interior de la nación. En el rico *humus* de la tradición se alimenta la *cultura,* que cimienta la convivencia de los ciuda-
danos, les da el sentido de ser una gran familia y presta
apoyo y fuerza a sus convicciones. Nuestra gran tarea, especialmente hoy, en este tiempo de la llamada globaliza-
ción, consiste en cultivar las sanas tradiciones, favorecer
una audaz armonía de la imaginación y del pensamiento,
una visión abierta al futuro y, al mismo tiempo, un afectuo-
so respeto por el pasado. Es un pasado que perdura en los
corazones humanos bajo la expresión de antiguas palabras,
de antiguos gestos, de recuerdos y costumbres heredados de
las pasadas generaciones.

LOS OBISPOS POLACOS

En mis tiempos de servicio episcopal en Cracovia me unían
a los obispos de Gorzów especiales relaciones de amistad.
Eran tres: Wilhelm Pluta, hoy siervo de Dios, Jerzy Stroba
e Ignacy Jeż. Los consideraba verdaderos amigos. Por eso
iba a verles, aparte de las veces que tenía que ir por razones de trabajo. Stroba y yo nos conocíamos de Cracovia,
donde había sido rector del seminario de Silesia. En aquel

seminario también yo fui profesor: enseñé ética, teología moral fundamental y ética social. De los tres mencionados vive todavía el obispo Ignacy Jeż. Está dotado de un vivo sentido del humor, que sabe usar con destreza, como cuando bromea con su apellido Jeż (en polaco significa «tirabuzón»).

Como obispo residencial, tenía en mi archidiócesis algunos obispos auxiliares: Julian Groblicki, Jan Pietraszko, Stanisław Smoleński y Albin Małysiak, los dos últimos consagrados personalmente por mí. Apreciaba a monseñor Albin por su dinamismo; le recuerdo todavía como párroco en Nowa Wieś, uno de los barrios de Cracovia; a veces me gustaba llamarle «Albin el Diligente». El obispo Jan Pietraszko era un magnífico predicador, un hombre que entusiasmaba al auditorio. En 1994 el cardenal Franciszek Macharski, mi sucesor en Cracovia, pudo abrir su proceso de beatificación; hoy este proceso está ya en Roma. También tengo un buen recuerdo de los otros dos auxiliares: durante años hemos procurado servir juntos a nuestra amada Iglesia de Cracovia con espíritu de fraterna comunión.

En la vecina Tarnów estaba el obispo Jerzy Ablewicz, al que ya he recordado. Iba a verle con cierta frecuencia; además, éramos casi coetáneos: tenía solo un año más que yo.

El obispo de Częstochowa, Stefan Bareła, me trataba con gran cordialidad. Durante el 25.º aniversario de su ordenación sacerdotal dije en la homilía:

El episcopado es casi un ulterior y, bajo cierto aspecto, nuevo hallazgo del sacerdocio. Este hallazgo, sin embargo, se realiza sobre la base del mismo criterio: en primer lugar nos debe volver a Cristo, único pastor y obispo de nuestras almas. Y es un retornar a Él todavía más profundo, más ardiente, más exigente. Se realiza ocupándose de las almas, las almas inmortales, redimidas con la Sangre de Cristo. Tal vez, este cuidar de las almas ya no es tan inmediato como en el trabajo cotidiano de un sacerdote que está en una parroquia, sea como párroco o como vicario parroquial. Pero, en compensación, se hace con una mirada más amplia, ya que ante el obispo se abre toda la comunidad de la Iglesia. Según nuestra conciencia de obispos del Vaticano II, la Iglesia es el lugar de encuentro de toda la familia humana, el lugar de la reconciliación, del acercamiento a pesar de todo, del acercamiento por medio del diálogo, del acercamiento aun a costa de sacrificios. Quizá para nosotros, obispos polacos de la época del Concilio Vaticano II, sea más a precio del sufrimiento que del diálogo.[3]

En Silesia ejercía su ministerio pastoral el obispo Herbert Bednorz y, antes de él, el obispo Stanislaw Adamski. Monseñor Bednorz había sido nombrado su coadjutor. Cuando fui nombrado metropolitano, fui a ver a todos los obispos de la metrópoli y, por tanto, también a Katowice, donde me presenté a monseñor Adamski. Con él estaban el obispo Julian Bieniek y el obispo Józef Kurpas. Nos entendíamos bien con los obispos de Silesia. Les veía regularmente el último domingo de mayo, en el santuario de Nuestra Señora de Piekary, donde precisamente aquel día confluía la gran peregrinación de los hombres. El obispo Bednorz me invitaba constantemente para las homilías. El último domingo de mayo era todo un acontecimiento: aquella peregrinación de mineros que se formaba era como un testimonio especial en la República Popular de Polonia. Los presentes esperaban el sermón y subrayaban con aplausos cada afirmación en la que advirtieran oposición a alguna línea discutible de la política que seguía el gobierno en materia religiosa o moral, por ejemplo, la línea sobre la cuestión del descanso festivo los domingos. A este propósito, en Silesia ha quedado el dicho del obispo Bednorz: «El domingo es de Dios y nuestro». Al término de las celebraciones, el obispo Bernorz solía dirigirse a mí para decirme: «Entonces, le esperamos el próximo año para otra homilía del mismo estilo». Los de Piekary, con su grandiosa peregrinación, son para mí un admirable testimonio que tiene en sí mismo algo de extraordinario.

En mi corazón tiene un puesto especial Andrzej Maria Deskur, hoy presidente emérito del Consejo Pontificio de Comunicaciones Sociales. Lo llamé para que formara parte del Colegio cardenalicio el 25 de mayo de 1985. Me ha servido muchas veces de apoyo desde el comienzo de mi pontificado, especialmente mediante su sufrimiento, pero también por medio de sus sabios consejos.

Al recordar a los obispos, no puedo dejar de hacer referencia a mi patrono, san Carlos Borromeo. Cuando pienso en su figura, me conmueve la coincidencia de los hechos y los quehaceres. Fue obispo de Milán en el siglo XVI, en el período del Concilio de Trento. A mí, el Señor me ha concedido ser obispo en el siglo XX, precisamente durante el Concilio Vaticano II, en vistas al cual se me ha confiado la misma tarea: su realización. Debo decir que en estos años de pontificado he pensado constantemente en la puesta en práctica del Concilio. Me ha sorprendido siempre esta coincidencia y en aquel santo obispo me fascinaba especialmente su enorme dedicación pastoral: después del Concilio, san Carlos se dedicó a las visitas pastorales en la diócesis, que contaba entonces con unas 800 parroquias. La archidiócesis de Cracovia era más pequeña, sin embargo no conseguí completar la visita pastoral que había iniciado. También la diócesis de Roma, que ahora me ha sido confiada, es grande: cuenta con 333 parroquias. Hasta ahora he visitado 317; por tanto, me quedan todavía 16.

SEXTA PARTE

EL SEÑOR
ES MI FUERZA

Aquí estoy.

(Hb 10, 7)

Permanecen grabadas en mi memoria las palabras pronunciadas por el cardenal Stefan Wyszyński el 11 de mayo de 1946,
el día anterior a su consagración episcopal en Jasna Góra: «Ser
obispo tiene en sí mismo algo de cruz, por eso la Iglesia pone
la cruz en el pecho del obispo. Sobre la cruz hay que morir a
sí mismos; sin esto no hay plenitud de sacerdocio. Tomar sobre sí la cruz no es fácil, aunque sea de oro y esté cuajada
de piedras preciosas». Diez años después, el 16 de marzo de
1956, el cardenal dijo: «El obispo tiene el deber de actuar no
solo por medio de la palabra y del servicio litúrgico, sino también mediante el ofrecimiento del sufrimiento». El cardenal
Wyszyński volvió en otra ocasión sobre esta misma idea:
«Para un obispo —dijo— la falta de fortaleza es el comienzo
de la derrota. ¿Puede continuar siendo apóstol? ¡Para un
apóstol es esencial el testimonio que se dé a la Verdad! Y eso
exige siempre fortaleza».[1] Son también suyas estas palabras:

La falta más grande del apóstol es el miedo. La falta de
fe en el poder del Maestro despierta el miedo; y el miedo
oprime el corazón y aprieta la garganta. El apóstol deja entonces de profesar su fe. ¿Sigue siendo apóstol? Los discípulos que abandonaron al Maestro aumentaron el coraje de los
verdugos. Quien calla ante los enemigos de una causa,
los envalentona. El miedo del apóstol es el primer aliado
de los enemigos de la causa. «Obligar a callar mediante el
miedo», eso es lo primero en la estrategia de los impíos.
El terror que se utiliza en toda dictadura está calculado sobre el mismo miedo que tuvieron los Apóstoles. El silencio
posee su propia elocuencia apostólica solamente cuando no
se retira el rostro ante quien le golpea. Así calló Cristo. Y en
esa actitud suya demostró su propia fortaleza. Cristo no se
dejó aterrorizar por los hombres. Saliendo al encuentro de la
turba, dijo con valentía: «Soy yo».[2]

No se puede dar la espalda a la verdad, dejar de anun-
ciarla, esconderla, aunque se trate de una verdad difícil, cuya
revelación lleve consigo un gran dolor: «Conoceréis la verdad y la verdad os hará libres» (Jn 8, 32). ¡Esta es nuestra
tarea y, al mismo tiempo, nuestro apoyo! No hay sitio para
compromisos ni para un oportunista recurso a la diplomacia
humana. Hay que dar testimonio de la verdad, aun al precio
de ser perseguido, a costa incluso de la sangre, como hizo
Cristo mismo y como un tiempo hizo también mi santo predecesor en Cracovia, el obispo Estanislao de Szczepanów.
Seguramente nos encontraremos con dificultades. Nada

tiene de extraordinario. Forma parte de la vida de fe. A veces las pruebas son leves, otras muy difíciles e incluso dramáticas. En la prueba podemos sentirnos solos, pero la gracia divina, la gracia de una fe victoriosa, nunca nos abandona. Por eso podemos esperar la superación victoriosa de cualquier prueba, hasta la más difícil.

Cuando en 1987, en la Westerplatte de Gdansk, hablé a la juventud polaca, me referí a ese lugar como a un símbolo elocuente de fidelidad en un momento dramático. Allí, en 1939, un grupo de jóvenes soldados polacos, combatiendo contra el invasor alemán que disponían de fuerzas y medios bélicos claramente superiores, afrontó la prueba suprema ofreciendo un victorioso testimonio de coraje, de perseverancia y de fidelidad. Hice referencia a aquel suceso invitando sobre todo a los jóvenes a que reflexionaran sobre la relación entre «ser más y tener más», y les advertí: «Nunca debe vencer solo el *tener más*. Porque entonces el hombre puede perder lo más precioso: su humanidad, su conciencia, su dignidad». Desde esa perspectiva, les exhorté: «Debéis exigiros a vosotros mismos, aunque los otros no os exijan». Y les explicaba: «Cada uno de vosotros, jóvenes, encuentra en su vida un "Westerplatte". Unas obligaciones que debe asumir y cumplir. Una causa justa, por la que se debe combatir. Un deber, una obligación, a la que uno no puede sustraerse; de la que no es posible desertar. En fin, hay que "mantener" y "defender" un cierto orden de verdades y de valores dentro de sí mismo y en su entorno. Sí:

defender, para sí mismo y para los otros» (12 de junio de 1987).

Los hombres han tenido siempre necesidad de modelos que imitar. Tienen necesidad de ellos sobre todo hoy, en este tiempo nuestro tan expuesto a sugestiones cambiantes y contradictorias.

Los santos de Cracovia

Hablando de los modelos que se han de imitar, no se puede olvidar a los santos. ¡Qué gran don son para una diócesis los propios santos y beatos! Pienso que para todo obispo es un motivo de particular emoción proponer hombres y mujeres concretos, personas que se han distinguido por la heroicidad de sus virtudes, personas alimentadas por la fe. La emoción crece cuando se trata de personas que han vivido en tiempos relativamente recientes. He tenido la alegría de iniciar los procesos de canonización de grandes cristianos relacionados con la archidiócesis de Cracovia. Más tarde, como obispo de Roma, he podido declarar la heroicidad de sus virtudes y, una vez concluidos los respectivos procesos, inscribirlos en el Registro de los Beatos y de los Santos.

Cuando durante la guerra trabajaba como obrero en la fábrica de Solvay, cerca de Łagiewniki, recuerdo haberme detenido muchas veces ante la tumba de sor Faustina, que aún no era beata. Todo en ella era extraordinario, porque era imprevisible en una muchacha tan sencilla como ella. ¿Cómo podía imaginar entonces que tendría ocasión de beatificarla primero y, más tarde, canonizarla? Entró en el convento de Varsovia, luego fue trasladada a Vilna y al fin a Cracovia. Algunos años antes de la guerra, tuvo la gran visión de Jesús Misericordioso, que le pidió que se hiciera apóstol de la devoción a la Divina Misericordia, destinada a tener tanta difusión en la Iglesia. Sor Faustina murió en 1938. Desde allí, desde Cracovia, esa devoción entró a formar parte de los acontecimientos con dimensión mundial. Convertido en arzobispo, confié al profesor don Ignacy Różycki el examen de sus escritos. Primero se excusaba. Al fin aceptó y estudió a fondo los documentos disponibles. Luego dijo: «Es una mística maravillosa».

Un puesto preferente en mi recuerdo y, más aún, en mi corazón, ocupa fra Albert-Adam Chmielowski. Combatió durante la insurrección de enero y en aquella ocasión un proyectil le destrozó una pierna. Desde entonces quedó inválido; llevaba una prótesis. Para mí era una figura admirable. Espiritualmente me sentía muy unido a él. Escribí sobre él un drama que titulé *Hermanos de nuestro Dios*.[3] Su personalidad me fascinaba. Vi en él un modelo para mí: dejó el arte para ser siervo de los pobres de los «tumefactos», como se les llamaba a los vagabundos. Su historia me ayudó mucho a abandonar el arte y el teatro para entrar en el seminario.

Todos los días rezo las Letanías de la Nación Polaca, en las que se incluye a san Alberto. Entre los santos de Cracovia recuerdo también a san Jacek Odrożż: un gran santo de aquella ciudad. Sus reliquias reposan en la iglesia de los Dominicos. He ido muchas veces a ese santuario. San Jacek fue un gran misionero: desde Gdansk, se dirigió por el este hasta Kiev.

En la iglesia de los Franciscanos está la tumba de la beata Aniela Salawa, una sencilla sirvienta. La beatifiqué en Cracovia, el 13 de agosto de 1991. Su vida es la prueba de que el trabajo de una sirvienta, realizado con espíritu de fe y de sacrificio, puede llevar a la santidad. Con frecuencia visitaba su tumba.

Considero a estos santos de Cracovia mis protectores. Podría repetir de memoria su larga lista: san Estanislao, santa Edvige Reina, san Juan de Kęty, san Casimiro hijo del rey, y tantos otros. Pienso en ellos y les pido por mi nación.

MARTYRES, LOS MÁRTIRES

«¡Cruz de Cristo, te alabo, / que por siempre se te alabe! / De ti vienen el poder y la fuerza / en ti está nuestra victoria.» Nunca me he puesto la cruz pectoral de obispo con indiferencia. Es un gesto que hago siempre con la oración. Desde hace cuarenta y cinco años, la cruz está sobre mi pecho, junto a mi corazón. Amar la cruz quiere decir amar el sacrificio. Los mártires son modelos de este amor como, por ejemplo, el obispo Michał Kozal, consagrado obispo el 15 de agosto de 1939, dos semanas antes de estallar la guerra. No abandonó a su grey durante el conflicto, aunque fuera previsible el precio que tendría que pagar por eso. Perdió la vida en el campo de concentración de Dachau, donde fue ejemplo y apoyo para los sacerdotes prisioneros como él.

En 1999 tuve el gozo de beatificar a 108 mártires, víctimas de los nazis, entre los que había tres obispos: el arzobispo Antoni Julian Nowowiejski, ordinario de Płock, su auxiliar, monseñor Leon Wetmański, y monseñor Władysław Goral, de Lublin. Con ellos fueron elevados a la gloria de los altares sacerdotes, religiosos, religiosas y laicos. Es significativa esta unión en la fe, en el amor y en el martirio entre pastores y la grey, reunidos en torno a la cruz de Cristo.

Un modelo muy conocido de sacrificio de amor en el martirio es san Maximiliano Kolbe. Dio su vida en el campo de concentración de Auschwitz, ofreciéndose por otro prisionero al que no conocía, un padre de familia.

Hay también otros mártires más cercanos a nuestros días. Recuerdo con emoción los encuentros con el cardenal François-Xavier Nguyên Van Thuân. En el memorable Año Jubilar predicó los ejercicios espirituales para nosotros en el Vaticano. Al darle las gracias por las meditaciones que nos había dirigido, dije: «Habiendo sido él mismo testigo de la cruz durante los largos años de cárcel en Vietnam, nos ha contado frecuentemente hechos y episodios de su dolorosa detención, fortaleciendo así nuestra certeza consoladora de que, cuando todo se derrumba alrededor de nosotros y tal vez también dentro de nosotros, Cristo sigue siendo nuestro apoyo indefectible». (Texto publicado en *L'Osservatore Romano*.)

Podría recordar todavía a tantos obispos valientes, que con su ejemplo señalaron el camino a otros... ¿Cuál es su secreto común? Pienso que sea la fortaleza en la fe. La primacía que se ha dado a la fe durante toda la vida y en toda la actividad, a una fe valerosa y sin miedos, a una fe acrisolada en las dificultades, pronta a responder con generosidad toda llamada de Dios: *fortes in fide...*

San Estanislao

Sobre el fondo de tan ilustres figuras de santos polacos, con los ojos del corazón veo perfilarse la gigantesca figura del obispo y mártir san Estanislao. Como he señalado, le dediqué un poema, en el que evoco su martirio, leyendo en él el reflejo de la historia de la Iglesia en Polonia. He aquí algunos pasajes:

1

Deseo describir la Iglesia.
Mi Iglesia nace conmigo,
pero no muere conmigo,
porque yo tampoco muero con ella.
La Iglesia me está sobreviviendo siempre,
es el fondo de mi vida, y es su cumbre;
la Iglesia es la raíz por la que me ahondo,
a la vez, en el pasado y en el futuro;
es el Sacramento de mi existencia
desplegada en Dios, que es mi Padre.
Deseo describir la Iglesia,
mi Iglesia, tan unida con mi tierra.
Ya se dijo para siempre: «lo que atares
en la tierra, atado quedará en el cielo».
Así mi Iglesia se ha abrazado con mi tierra.
Mi tierra está extendida por la cuenca del Vístula,
cuyos afluentes crecen en primavera,
cuando la nieve se derrite en los Cárpatos.

La Iglesia se ha abrazado con mi tierra,
para que todo lo que está atado en ella,
esté también atado en los cielos.

2

Hubo un hombre en quien mi tierra se dio cuenta
de que está también atada en los cielos.

Hubo un hombre así, hubo otros hombres...
Y siempre los habrá...
Por ellos mi tierra se ve en el sacramento
de una nueva existencia.
Es la patria: en ella comienza la casa del Padre
y de ella nace.
Deseo describir mi Iglesia
en la figura de un hombre
al que llamaron Estanislao.
A este hombre el rey Boleslao
lo puso por escrito en las crónicas más viejas,
y bajo el pavimento de la catedral,
cuando ese hombre ya había derramado su sangre.

3

Quiero describir mi Iglesia con el nombre
por quien mi nación fue bautizada otra vez
con bautismo de sangre,
para pasar luego por el bautismo de deseo,
en el cual se manifiesta el soplo oculto del Espíritu. Porque ese
                                    [hombre arraigó en la tierra
la libertad de las gentes,
antes aún de que le pusieran el nombre de Estanislao.

4

Sobre el suelo de la libertad humana
nacieron la carne y la sangre, el núcleo humano

que la espada del rey degolló, cortando
el miso tuétano de la palabra del sacerdote;
cortó la base del cráneo, el tronco vivo...
La Carne y la Sangre todavía
no habían tenido tiempo de nacer,
porque la espada del rey agredió
el cáliz metálico y el pan de trigo.

5

Tal vez el rey pensaba: «Todavía
no va a nacer de ti la Iglesia;
ni va a nacer el pueblo de la palabra predicada,
que condena a la carne y a la sangre;
nacerá de la espada, de mi espada
que cortará por la mitad tus palabras;
nacerá de la sangre derramada...»
Tal vez así pensaba el rey.

Pero el oculto soplo del Espíritu
reunió las palabras cortadas (en la garganta de Estanislao)
y la espada —rota la espina dorsal—
y las manos llenas de sangre...
Y dijo: «Iréis juntos en el futuro,
¡nada os va a separar!».

Quiero describir mi Iglesia,
en la cual, siglo tras siglo,

han ido juntas la palabra y la sangre,
unidas por el soplo del Espíritu.

6

Quizás Estanislao pensaba:
mi palabra te hará daño,
pero te va a redimir.
Vendrás a la puerta de la catedral
como un penitente,
vendrás enflaquecido por el ayuno,
traspasado por una voz interior,
y te unirás a la mesa del Señor
como un hijo pródigo.
La palabra no tuvo éxito,
se impuso la sangre;
el obispo no tuvo tiempo ni para pensar:
¡aparta de mí este cáliz!

7

Sobre el suelo de nuestra libertad cayó la espada;
sobre el suelo de nuestra libertad cayó la sangre.
¿Cuál iba a tener mayor peso?

Está para terminar la primera época
y va a comenzar la segunda.
Alzamos en las manos el Signo
del tiempo inevitable.

(*Poesías*, BAC, Madrid 1982: «Estanislao», pp. 87-90)

TIERRA SANTA

Durante mucho tiempo he nutrido en el corazón el deseo de hacer una peregrinación sobre las huellas de Abraham, pues había ya hecho numerosas peregrinaciones en todas partes del mundo... Pablo VI fue a aquellos Santos Lugares en su primer viaje. Yo deseaba que mi viaje fuera durante el Año Jubilar. Tenía que haberlo comenzado en Ur de los Caldeos, situada en el territorio del actual Irak, de donde hace tantos siglos salió Abraham siguiendo la llamada de Dios (Gn 12, 1-4). Tendría que haber proseguido hacia Egipto, siguiendo las huellas de Moisés, de donde sacó a los israelitas y recibió, al pie del monte Sinaí, los Diez Mandamientos como fundamento de la alianza con Dios. Mi peregrinación terminaría en Tierra Santa, comenzando por el lugar de la Anunciación. Acto seguido me hubiera trasladado a Belén, donde nació Jesús, y a otros lugares relacionados con su vida y su actividad.

El viaje no fue precisamente como lo había proyectado. No me fue posible realizar la primera parte, la dedicada a las huellas de Abraham. Fue el único sitio al que no pude llegar, porque las autoridades iraquíes no lo permitieron. Me trasladé a Ur de los Caldeos espiritualmente, durante una ceremonia organizada a propósito en el aula Pablo VI. Pude en cambio trasladarme personalmente a Egipto, a los pies del monte Sinaí, donde el Señor reveló su propio nombre a Moisés. Allí fui recibido por los monjes ortodoxos. Fueron muy hospitalarios.

Después fui a Belén, a Nazaret y a Jerusalén. Me trasladé al Huerto de los Olivos, al Cenáculo y, naturalmente, al Calvario, al Gólgota. Era la segunda vez que iba a aquellos Santos Lugares. Había estado una primera vez como arzobispo de Cracovia, durante el Concilio. En el último día de peregrinación jubilar a Tierra Santa celebré la Santa Misa junto al sepulcro de Cristo con el secretario de Estado, cardenal Ángel Sodano, y con otros oficiales de la Curia. ¿Qué se puede decir después de todo esto? Aquel viaje fue una grande, grandísima, experiencia. El momento más importante de toda la peregrinación fue indudablemente estar sobre el Calvario, sobre el monte de la Crucifixión y junto al Sepulcro, aquel Sepulcro que fue al mismo tiempo el lugar de la resurrección. Mis pensamientos volvían a la emoción vivida durante mi primera peregrinación a Tierra Santa. Entonces escribí:

Lugares de la tierra, lugares de Tierra Santa, no sé cómo guardaros aquí dentro, dentro de mí. No sé cómo pisaros, no puedo: arrodillarme quiero ante vosotros. Doblo la rodilla y callo. Algo mío te quedará, tierra, te quedará mi silencio. Y mientras tanto te llevo dentro para ser como tú, lugar de testimonio. Me voy, me marcho como testigo, me voy para atestiguar lo que ha pasado a través de los milenios.

(*Poesías*, «Peregrinación a los Santos Lugares. 3. Identidades»)

¡El lugar de la Redención! No basta decir: «Estoy contento de haber estado allí». Se trata de algo más: del signo del gran sufrimiento, del signo de la muerte salvadora, del signo de la resurrección.

ABRAHAM Y CRISTO: «AQUÍ ESTOY ¡OH DIOS! PARA HACER TU VOLUNTAD» (Hb 10, 7)

La primacía de la fe y la audacia que suscita han hecho que cada uno de nosotros «haya obedecido a la llamada de Dios sin saber adónde iba» (Hb 11, 8). El autor de la Carta a los Hebreos dice estas palabras a propósito de la vocación de Abraham, pero se refieren a toda vocación humana, también a la vocación particular del ministerio episcopal: la llamada a ser los primeros en la fe y en la caridad. Hemos sido elegidos y llamados *para marchar,* y no somos nosotros quienes establecemos *la meta* de este camino. Lo hará Aquel que nos ha ordenado marchar: el Dios fiel, *el Dios de la alianza.*

Sobre Abraham he vuelto recientemente con una meditación poética, de la que reproduzco aquí un pasaje:

¡Oh, Abraham —Él, que entró en la historia del hombre,
solo por ti desea revelar este misterio oculto
desde la fundación del mundo!

Si hoy recorremos estos lugares,
de donde, antaño, partió Abraham
donde oyó la Voz, donde se cumplió la promesa,
es para detenernos en el umbral
—llegar al principio de la Alianza.[4]

En esta meditación sobre la vocación episcopal quisiera referirme también a Abraham, nuestro *padre en la fe;* en especial al misterio de su encuentro con Cristo Salvador, que según la carne es «hijo de Abraham» (Mt 1, 1), pero que, al mismo tiempo, existe «antes que Abraham, porque es desde siempre» (Jn 8, 58). De este encuentro nace una luz que se proyecta sobre el misterio de nuestra vocación en la fe y, especialmente, sobre el misterio de nuestra responsabilidad y el valor que necesitamos para corresponder a la vocación.

Se puede decir que el misterio tiene una doble vertiente. Una consiste en todo lo que, gracias al amor de Dios, ha sucedido ya en la historia humana. Otra recae sobre el futuro, la esperanza: es el misterio del umbral que cada uno de nosotros debe atravesar, impulsado por la llamada misma y sostenido por una fe que no se arredra ante nada, porque sabe de quién se ha fiado (2 Tm 1, 12). Es un misterio, pues, que compendia todo lo que fue «desde el principio, lo que fue antes de la fundación del mundo y lo que aún debe venir». La fe, la responsabilidad y la valentía de cada uno de nosotros se inserta así en el misterio de la plenitud del designio divino. Se necesita nuestra fe, nuestra responsabilidad y firmeza para que el don de Cristo al mundo pueda manifestarse en toda su riqueza. Una fe que no solo conserve intacto en la memoria el tesoro de los misterios de Dios, sino que tenga también la audacia de abrir y manifestar de modo siempre nuevo este tesoro ante los hombres, a los que Cristo envía sus discípulos. Es una responsabilidad que no se limita solamente a defender y salvaguardar lo que le ha sido confiado, sino que tiene el valor de negociar con los talentos para multiplicarlos (Mt 25, 14-30).

Desde Abraham, la fe de cada uno de sus hijos comporta ir continuamente más allá de lo que amamos, lo que poseemos o nos es bien conocido, para asomarse al horizonte de lo desconocido, basándose en la verdad y el futuro común de todos nosotros en Dios. Todos estamos invitados a tomar parte en este proceso que nos lleva a superar las fronteras de lo consabido y cercano; estamos invitados a dirigirnos hacia Dios, que en Jesucristo se ha superado a sí mismo, abatiendo «el muro de la separación y la enemistad» (Ef 2, 14), para llevarnos a Sí mismo mediante la Cruz.

Jesucristo quiere decir *fidelidad* a la llamada del Padre, *corazón abierto* hacia todo hombre con el que uno se encuentre, *camino* en el cual puede faltar incluso «donde reclinar la cabeza» (Mt 8, 20) y, por fin, *Cruz*, por medio de la cual alcanzar la victoria de la resurrección. Este es Cristo, Aquel que procede con valentía, y no se deja detener antes de haber cumplido todo, antes «de subir a su Padre y Padre nuestro» (Jn 20, 17), Aquel que es «el mismo ayer y hoy, y por los siglos» (Hb 13, 8).

Así pues, la fe en Él consiste en el continuo abrirse del hombre al continuo entrar de Dios en el mundo de los hombres, es el moverse del hombre hacia Dios, un Dios que lleva a los hombres unos hacia otros. De este modo, todo lo que es propio se convierte en algo de todos, y todo lo que es del otro se convierte al mismo tiempo también en mío. Este es el contenido de las palabras que el padre dirige al hermano mayor del hijo pródigo: «todo lo mío es tuyo» (Lc 15, 31). Es significativo que estas palabras vuelvan a aparecer en la oración sacerdotal de Jesús, palabras del Hijo dirigidas al Padre: «Todo lo mío es tuyo y lo tuyo es mío» (Jn 17, 10).

Mientras se acerca la que Él reconoce como «su hora» (Jn 7, 30; 8, 20; 13, 1), es Cristo mismo quien habla de Abraham con una expresión que suscita sorpresa y estupor en quien le escucha: «Abraham, vuestro padre, saltaba de gozo pensando ver mi día: lo vio, y se llenó de alegría» (Jn 8, 56). ¿Cuál es la fuente de la alegría de Abraham? ¿No es quizá la previsión del amor y de la valentía con las que este *hijo suyo* según la carne, nuestro Señor y Salvador Jesús, iría hasta el fondo «para hacer la voluntad del Padre»? (Hb 10, 7). En los acontecimientos de la Pasión del Señor encontramos la más conmovedora referencia al misterio de Abraham, que, sostenido por la fe, deja su ciudad y su patria y parte hacia lo desconocido, y sobre todo de un Abraham que, con corazón angustiado, lleva al monte Moria al hijo tan amado y esperado para ofrecerlo en sacrificio.

Cuando llegó «su hora», Jesús dijo a los suyos que estaban con él en el huerto de Getsemaní, Pedro, Santiago y Juan, los discípulos especialmente amados: «¡Levantaos! ¡Vamos!» (Mc 14, 42). No era solo Él quien debía «ir» hacia el cumplimiento de la voluntad del Padre, sino también ellos con Él.

Esta invitación —«¡Levantaos! ¡Vamos!»— se dirige de modo particular a nosotros los obispos, sus amigos predilectos. A pesar de que estas palabras significan un tiempo de prueba, un gran esfuerzo y una cruz dolorosa, no debemos dejarnos vencer por el miedo. Son palabras que llevan consigo también la alegría y la paz que son fruto de la fe. En otra ocasión, a los mismos tres discípulos Jesús les formuló así su invitación: «Levantaos, no temáis» (Mt 17, 7). El amor de Dios no impone cargas que no podamos soportar, ni nos plantea exigencias a las que no podamos enfrentarnos. A la vez que pide, Él ofrece la ayuda necesaria.

Hablo de esto desde un lugar al que el amor de Cristo Salvador me ha llevado, pidiéndome salir de mi tierra para dar fruto en otro sitio con su gracia, un fruto destinado a permanecer (Jn 15, 16). Por eso, haciéndome eco de las palabras de nuestro Maestro y Señor, repito también yo a cada uno de vosotros, queridísimos hermanos en el episcopado: «¡Levantaos! ¡Vamos!». Vamos confiados en Cristo. Él será quien nos acompañe en el camino hasta la meta que solo Él conoce.

NOTAS

Introducción

1. *Dono e mistero*, Ciudad del Vaticano, 1996. [Trad. cast., *Don y misterio*, Biblioteca de Autores Cristianos, Madrid, 1996; Plaza & Janés, México, 1997.]

1. La vocación

1. *L'Osservatore Romano*, 18 de octubre de 2003, p. 8, 2.
2. Karol Wojtyla, *Stanislaw*, en *Poezje i dramaty*, Cracovia, 1979 [Trad. cast., *Poesías*, BAC, Madrid, 1989.]
3. *Pontifical romano*, «Ordenación episcopal», oración consecratoria.
4. San Ireneo, *Adversus haereses*, III, 18, 3; PG 7, 934.
5. *Pontifical Romano*, «Ordenación episcopal», Imposición de la mitra.
6. Karol Wojtyla, *U podstraw odnowy. Studium o realizacji Vaticanum II*, Cracovia, 1972, p. 165.
7. *Liturgia de las horas*, «Oficio de lectura», responsorio del cuarto domingo de Pascua.

2. La actividad del obispo

1. *Pontifical Romano*, «Ordenación episcopal».
2. *Liturgia de las horas*, «Oficio de lectura».
3. *Ibíd.* XXIV semana, lunes.
4. *Ibíd.* XXV semana, viernes.
5. *Ibíd.* XXVII semana, sábado.
6. Concilio Vaticano II, Decreto sobre el oficio pastoral de los obispos, 16.
7. Jerzy Liebert, *Poezje*, Varsovia, 1983, p.144.
8. *Pontifical Romano*, «Ordenación de los presbíteros».
9. Karol Wojtyla, *El taller del orfebre* (trad. cast.), Biblioteca de Autores Cristianos, Madrid, 2003; *Amor y responsabilidad* (trad. cast.), Plaza & Janés, Barcelona, 1996; *Carta a las familias*, Ciudad de Vaticano, 1994.

3. Compromiso científico y pastoral

1. Véase el comentario al logotipo de la cubierta del *Catecismo*.

4. La paternidad del obispo

1. *Pontifical Romano*, «Ordenación de presbíteros».
2. Edición a cargo de Jerzy Wolny, *Ksiega Sapiezyniska*, 2 tomos, Cracovia, tomo II, 1986, p. 776.
3. En Jerzy Wolny (ed.), *Ksiega Sapiezynska*, cit.
4. Karol Wojlyla, *Persona e atto*, Ciudad del Vaticano, 1982.
5. André Frossard, *Dieu existe, je l'ai recontré*, Fayard, París,

1975. [Trad. cast., *Dios existe, yo me lo he encontrado*, Planeta, Barcelona, 1995.]

5. Colegialidad episcopal

1. San Agustín, *Sermón* 46, 1-2; PL 38, 271.
2. Código de Derecho Canónico, canon 276 2, 4°.
3. Adam Boniecki, *Kalendarium zycia Karola Wojtyly*, Cracovia, 1983, pp. 286-287.

6. El señor es mi fuerza

1. Stefan Wyszyński, *Zpiski wiezienne*, París, 1982, p. 251.
2. *Ibíd.*, p. 94.
3. Karol Wojtyla, *Hermanos de nuestro Dios*, en *Opere letterarie*, Ciudad del Vaticano, 1993.
4. Karol Wojtyla, «Wzórze w krainie Moria» en *Tryptyk Rzymski*, Cracovia, 2003. [Trad. cast., «Monte en la región de Moria», en *Tríptico romano. Meditaciones*, Universidad Católica de San Antonio, 2003.]

ABREVIATURAS

Gn	Génesis
Is	Isaías
Sal	Salmos
Si	Sirácida o Eclesiástico
Ap	Apocalipsis
Hch	Hechos de los Apóstoles
Col	Carta a los colosenses
Hb	Carta a los hebreos
Ef	Carta a los efesios
Flp	Carta a los filipenses
Jn	Juan
Lc	Lucas
Mc	Marcos
Mt	Mateo
1 Pe	Primera Carta de Pedro
Rm	Carta a los romanos
1-2 Tm	Cartas a Timoteo
1 Ts	Primera Carta a los tesalonicenses

ÍNDICE ONOMÁSTICO